가정생활과 예절

김 효 영 지음

도서출판 지식나무

머 리 말

가정은 사회조직의 핵심단위인 세포라고 할 수 있습니다. 이 세 포가 건강하고 행복하게 잘 훈련되어 있다면 그 사회 또는 국가 역시 건강하고 행복할 것입니다.

가족은 건강하고 아름답고 기쁘고 즐거우며 행복해야 합니다. 그 리고 서로의 존재를 인정하고 존중해야 합니다.

그런데, 가족이 어떻게 처신해야 하며 어떤 방법으로 서로의 끈 끈한 관계를 손상시키지 않고 잘 유지하면서 평생을 지내야 할 것 인가에 대하여 종합적으로 제안하는 책이 별로 없습니다. 그래서 우선 함께 생각해 보는 몇 가지 제목이라도 나열해 봤습니다. 하나 의 제목으로도 각론을 쓸 수 있는 내용이지만 시작을 해 봤습니다. 부富의 미래 작가 앨빈 토플러Alvin Toffler는 선진경제를 건설하기 위해서는 선진사회가 필요하다고 강조했습니다. 우리의 문화(예절)· 노동자의 사고방식도 선진기술과 경제에 못지않게 선진화되어야 합 니다.

남편은 가정을 통솔하기 위하여 때로는 독재자의 근성을 발휘할 줄도 알아야 하며, 가슴 넓은 관용도 있어야 하고 감싸 안는 유머

감각도 있어야 합니다.

　그런가 하면, 아내는 당연히 현모양처가 되어야 하지만 남편을 사로잡는 요부도 되어야 하고 멋진 기술도 터득해야 합니다.

　군인 2명이 모이면 부대라 하고 사람 둘이 합치면 조직이라 합니다. 부대나 조직이 와해되지 않고 잘 운영되려면 그 구성원의 노력이 필요합니다. 가정도 한 조직체임으로 와해되지 않기 위한 동지간의 절대적인 노력이 필요합니다. 아무쪼록 부족함이 없는 만족한 가정이 되시기를 기원하면서 조금이나마 생각해 보는 기회가 되기를 바랍니다.

2025년 4월25일

저자　金 孝 英

가정생활과 예절 목차

제1장 가정과 예절

1-1 가족

　가족은 부부가 중심이 되어 부모, 자녀, 형제자매 등 혈연에 의하여 맺어지며 생활을 함께 하는 공동체를 말한다. 또한 그 구성원은 혈연과 혼인을 바탕으로 하는 가장 일반적이고 보편적인 사회의 기초 집단인 것이다. 민법 제779조에서 가족의 범위를 규정하고 있다.

　인간 세상은 아담과 이브라는 부부를 통해서 가족을 만들고 지파를 만들어 민족과 국가를 형성하게 된 것이다.

　가족은 공동생활을 통해서 전통문화의 습관을 익히고 배우면서 사회생활을 해 나갈 수 있도록 양육하는 최초의 조직체이며 교육장이 되는 것이므로 부모는 합심하여 교사로서의 책임을 다하도록 힘써야 한다. 그런데 자녀의 혼인을 통하여 외부에서 영입한 새로운 가족으로 인하여 그 가족의 생활과 전통에 새로운 변화와 갈등을 일으키며 그 가족은 흥하기도 하고 쇠락하기도 한다. 가족의 형태를 살펴보고 문제에 대한 대책을 생각해 보기로 한다.

(1) 핵가족

부부만인 가족 또는 부부와 미혼인 자식만으로 이루어진 가족을 말하며, 이는 전체보다는 개인을 존중하는 사상으로 변해 가면서 발전된 가족 형태이다. 핵가족의 구성원 수는 가족계획사업, 기타 경제적 사회적인 이유로 점점 줄어들면서 지금은 평균 가족 수가 3명 이하로 나타나고 있다.

〈평균가족수〉

연도별	인구	가 구	평균가족수
2000	47,732,558	15,765,275	3.0
2010	48,580,293	17,574067	2.8
2023	51,751,065	22,073,158	2.2

〈통계청 지역 통계연보〉

(2) 직계가족

직계에 딸리는 가족, 즉 핵가족과 그 자녀가 혼인하여 외부 가족을 영입해서 부모와 계속 동거하는 가족을 말한다. 이 가족은 부모가 노화되었을 때의 사회적 문제를 많이 해결해주는 장점을 지니고 있으나 반면에 고부 간에 갈등을 일으키는 단점도 지니고 있다. 노령 부모의 대책으로 정부가 권장하고 있는 가족형태의 가장 바람직한 가족형태라고 할 수 있다.

(3) 확대가족

핵가족과 부모, 형제자매 모두가 함께 생활하는 가족을 말한다. 이는 우리나라의 전통적인 가족 형태로서 무려 4대까지 큰집 울타리에서 사는 것을 볼 수 있다. 이 대단위 가족은 농경사회에서는 불가피한 것이었으나 농어업의 기계화와 급진적인 공업의 발달로 인해 농업인구가 도시로 이탈하면서 붕괴되기 시작했다.

1-2 예절의 의미

　예절禮節은 예의에 관한 범절範節을 줄인 말로서 '사람이 사람답게 행동해야 할 질서'라고 풀이한 사람도 있고 '무리 지어 사는 사람들이 약속해놓은 생활방식'이라고 설명하기도 한다. 영어로는 'etiquette' 또는 'manners'라고 한다. 아무튼 예절은 사람이 사람답게 살아가기 위하여 약속해 놓은 도리이고 질서이며 생활방식이라고 할 수 있다.

　예절은 저자세와 겸손을 요구하는데 우리가 고대 인간사회를 상상해 보면 한 사람이 하나의 인간집단을 통과하거나 소속하게 될 때 그는 우선 목숨을 부지해 줄 것을 간절히 바라며 그들 집단의 생활방식에 무조건 순응하겠다는 약자의 복종 표시로서 허리를 굽히고 저자세를 취하게 되었을 것이다. 미국과 유럽에서 행해지는 초면자 간의 미소 짓는 인사는 겉으로는 매우 인정이 넘치게 보이지만 내면적으로는 '나는 너를 해칠 의사가 없다.'는 의사표시에서 유래된 것 같기도 하다.

　불어에서 유래된 etiquette이란 말은 영어의 ticket(표, 입장권)과 같은 말인데, 이는 프랑스의 베르사이유 궁전에 '잔디에 들어가지 마시오!'라는 푯말 즉, 티켓을 써 붙인 데서 유래되었다는 설도 있다. 여기서는 금지된 것을 지키는 것에서 예절의 근원을 찾게 된다.

인간사회가 발달되면서 예절도 복잡하게 발달하여 사람을 죽여서는 아니 된다는 형법도 생기고 사람은 이렇게 다녀야 한다는 도로교통법도 생겼는데, 현재 우리들이 말하는 예절은 성문화된 법규를 제외한 불문율이 그 대상이 되는 것이다.

예절을 지키지 않는다 하여 어떤 공식적인 제재는 없으나 보이지 않는 작용이 가해지며 따돌림을 당하게 되기도 하고 장차 불이익을 받게 되기도 한다.

예절은 상류사회로 갈수록 까다로워지고 하류계층으로 갈수록 그 규범의 정도가 단순하고 적어진다. 아무튼 예절은 고대사회로부터 누구를 위하여 지켜야 하는 범절이 아니라 나 자신이 살아남기 위하여 지켜야 했던 생활규범임을 명심해야 할 것이다. 부부가 된 남자와 여자는 서로 상대방의 집안 관습과 생활방식을 존중하면서 즉 예절을 잘 지키면서 가정의 평화와 행복을 가꾸어 나가야 할 것이다. 남자나 여자나 예절을 모르면 버르장머리 없는 집안의 자식이라 하여 친가의 부모를 욕되게 하며 정당한 예우를 받지 못하게 된다.

예절의 기본 내용은 맵시(복장), 솜씨(태도 또는 동작), 말씨(대화법), 마음씨(표정) 등으로써 예절은 이들이 복합적으로 표출되는 한 사람의 총체적인 표현인 것이다.

혼인예식에서 첫 번째 순서가 신랑 신부의 맞절이다. 이것은 서로 존경하며 예절을 지키고 살라는 뜻도 포함되어 있는데 부부는 혼인예식에서 맞절을 한 번하고는 평생 맞절을 하지 않고 살아가고 있다. 처음에는 좀 쑥스럽겠지만 매년 정초 부모에게 세배를 드리기 전에 예복을 갖추어 서로 마주 보고 '지난 한 해 우리가 건강하게 행복하게 별 탈 없이 잘 지낸 것은 모두 당신의 수고 때문이오. 고맙소. 새해에도 잘 부탁하오.' 하고 맞절을 한다면 부부의 관계는 더욱 밀착될 것이다. 사랑만 하고 존경하지 않는 것, 그것은 개처럼 사는 것이라고 맹자는 말하였다.

예절은 배워서 아는 사람만이 행할 수 있고 또 건강한 육체와 건전한 정신이 있는 사람만이 실천할 수 있는 것이므로 누구에게나 획일적으로 강요할 질서가 아니다. 그러므로 예절 세대는 건전한 부부관계를 유지할 수 있는 연령층, 즉 20세에서 69세까지 한정하고 19세까지의 어린 세대와 70세 이상의 노인층은 겨우 예절 형식만 갖추게 하고 내용은 면제하여 책임을 묻지 않는 것이라 하였다.

◆포인트: 예절을 배우는 요령

1) 마음가짐: 항상 사람이 되고 사람노릇을 해서 사람대접을 받으며 사람과 더불어 살아야겠다는 마음을 가지고 생활한다.

2) 본받기: 남이 하는 것을 보고 그것이 아름답고 좋은 일이면

자기도 그렇게 본받아야 한다.

3) 경계警戒: 남이 하는 일이 옳지 않다고 생각되면 경계해서 자기는 그렇게 하지 않는다.

4) 경청傾聽: 어른· 선생님· 선배의 말씀에 귀를 기울여 그들의 경륜을 자기의 것으로 삼는다.

5) 택우擇友: 마음이 바르고 올바른 행동을 하는 친구를 사귄다.

6) 관심關心: 예절에 관한 책을 항상 옆에 두고 참고하며 예절 강습회 등에 참석하여 배운다.

1-3 가족 간의 호칭

호칭呼稱과 칭호稱號는 같은 뜻으로 사용한다는 설명도 있으나 이 것은 명백히 구별하여 사용해야 한다. 호칭은 이름지어 부르는 것을 말하며, 칭호는 사회적으로 불리는 이름, 즉 선생 또는 장군 등 사회적 신분을 말한다.

우리나라의 호칭은 서구와는 달리 부르는 상대와 경우에 따라 다르기 때문에 복잡한 느낌을 준다. 그러나 이것이 우리의 고유한 문화이기 때문에 익혀야 성숙한 사람이 될 수 있다.

(1) 자기 자신

- 어른에게 ─ 저
- 같은 항렬과 그 이하에게 ─ 나
- 나를 남에게 ─ 우리, 저희

(2) 부모

- 직접 부르거나 남에게 ─ 아버지, 어머니

- 남편의 부모에게 ― 아버님, 어머님
- 말 배우는 아이가 부모에게 ― 아빠, 엄마
- 부모가 자녀에게 ― 애비, 어미
- 부모를 남에게 ― 가친家親, 자친慈親
- 죽은 부모를 남에게 ― 선친

(3) 아들

- 직접 부를 때 ― 이름, 너
- 자기 아들을 남에게 ― 아들, 자식
- 자녀를 둔 아들을 그 아내나 자녀에게 ― 애비
- 아들인 남편을 며느리에게 ― 네 남편

(4) 딸

- 딸에게 ― 이름, 너
- 딸을 남편에게 ― 딸 여식
- 자녀를 둔 딸을 그 남편이나 자녀에게 ― 에미

(5) 형제간

- 미혼 동생이 형에게 ― 언니
- 기혼 동생이 형에게 ― 형님

- 형을 집안 어른에게 ― 형
- 형을 남에게 ― 백씨, 중씨, 사형
- 형이 동생에게 ― 이름, 동생, 자네
- 동생이 배우자에게 ― 아우

(6) 자매간

- 여동생이 여형에게 ― 언니
- 언니가 동생에게 ― 이름, 너, 얘
- 여형을 어른에게 ― 형
- 자녀를 둔 여동생을 어른에게 ― 누구 에미

(7) 남매간

- 미혼 여동생이 남자 형에게 ― 오빠
- 길혼 여동생이 남자 형에게 ― 오라버님
- 여동생이 남자 형을 어른에게 ― 오라비
- 미혼 남동생이 손위 누이에게 ― 누나
- 기혼 남동생이 손위 누이에게 ― 누님

(8) 며느리

- 며느리에게 ― 며느리, 너, 얘

- 며느리를 아들에게 — 네 댁
- 자녀를 둔 며느리를 자녀에게 — 에미
- 남편의 형에게 — 아주버님
- 남편의 형수나 누님에게 — 형님
- 남편의 미혼 동생에게 — 도련님
- 혼인한 시동생에게 -- 서방님
- 시동생의 아내에게 — 동서, 자네
- 미혼 손아래 시누이에게 —서방댁
- 시누이의 남편에게 — 서방님

(9) 사위

- 장인이 사위에게 (성)서방, 이름, 너)
- 장모가 사위에게 -- (성)서방, 자네
- 남편인 사위를 딸에게 — 네 남편

(10) 형제자매의 배우자

- 시동생이 형의 아내에게 — 아주머니
- 시동생이 형수를 남에게 — 형수씨
- 형이 남동생의 아내에게 — 제수
- 형이 남동생의 아내를 어른에게 — 제수

- 형이 남동생의 아내를 남에게 — 제수씨
- 시누이가 오라비의 아내에게 — 언니
- 시누이가 남동생의 아내에게 — 올케, 새댁, 자네
- 누님의 남편에게 — 자형, 매형
- 누이동생의 남편에게 —매부, (성)서방, 자네
- 누이동생의 남편을 남에게 — 매제
- 여동생이 여형의 남편에게 — 매제
- 여동생이 여형의 남편에게 — 형부
- 여형이 여동생의 남편에게 — (성)서방

1-4 며느리와 시어머니

며느리는 곱게 맞이했건 밉게 맞이했건 맞이한 남편 쪽의 집안에서는 매우 큰 관심의 대상 인물로 떠오른다. 별다른 변화가 없던 집안에 강아지가 한 마리 들어와도 야단법석인데 하물며 아름답고 젊은 여자가 들어왔는데 아무 일 없는 집같이 조용히 지내는 것도 이상한 일이다. 며느리는 자기가 자란 땅에서 뿌리가 뽑혀 낯선 땅으로 이식하게 되니 한동안은 문화적이나 가정적 변화에 몸살을 겪으면서 뿌리를 내리게 된다.

며느리는 친가에서 익힌 전통과 관습 그리고 교양 등이 큰 힘이 되기는 하지만 생소한 시집의 전통과 관습에 맞추려면 힘도 들고 시간이 걸리는 것이다. 시부모가 반대한 혼인을 했을 경우에는 더더욱 힘들게 지내야 한다.

동서고금을 막론하고 여자 쪽이 늘 어려움을 겪고 있는데, 이는 우리나라 특유의 남존여비 사상과 가난으로 인한 관용정신의 결핍, 남을 믿지 못하는 데서 오는 배타적 사상, 교육 수준이 낮은 시어머니의 이해심과 부족 등에 그 원인이 있다고 본다

지금은 핵가족으로 분산되어 시부모와 함께 생활하지 않는 며느

리가 많아 옛날과 같지는 않지만 직계가족의 공동생활을 권장하는 정부의 입장에서 보면 고부 간의 갈등은 하루 빨리 해소시켜야 할 과제이다.

(1) 며느리의 자세

며느리는, 아니 여자는 어쩔 수 없이 남편과 살기 위해 시집에 들어가야 한다. 옛말이 로마에 가서는 로마법에 따라야 한다는 말과 같이 시집에 가서는 시집의 전통과 관습과 규칙에 따라야 한다. 시집의 전통과 규율이 친가보다 수준이 낮다 해도 처음에는 참고 견디며 순응해야 한다. 잘못된 것을 고치는 것은 적절한 기회에 그리고 능력과 권한이 생겼을 때에 하면 된다.

이것은 비단 시집살이뿐만 아니라 어느 사회, 조직에서도 같은 수단과 방법이 적용되는 것이다. 신입사원이 들어오자마자 박사의 학위를 가졌다고 이리저리 설치고 다닌다면 곧 왕따를 당하고 떠나게 됨으로 시어머니보다 학력이 높다고 경거망동하면 천대를 받게 된다.

(2) 시어머니의 자세

자기가 낳아서 기른 자식도 마음에 들지 않는 자식이 많은데 며느리에게 기대를 거는 것은 애당초부터 잘못된 과욕이다. 기대 이상으로 융합이 되면 다만 다행일 뿐이다. 처음에는 이래라 저래라 하지 말고 시집에서 하는 일거수일투족을 보고 느끼며 배우도록 방치하였다가 꼭 교정이 필요가 있는 일에 대해서만 자상하게 납득이 가도록 일러 줄 필요가 있는 것이다. 시어머니는 자신의 시집살이 시절을 회상하면서 무엇을 도와줄 수 있을 것인가를 생각하고 며느리 편에 서도록 힘쓸 필요가 있다. 상대성 원리라고는 하지만 시아버지가 며느리 편에 선다는 옛말이 들어맞지 않기를 바란다. 특히 지금은 직장생활을 하는 며느리가 많은데, 시어머니 자신의 건강과 행복도 중요하지만 며느리의 건강과 행복도 함께 걱정해주어야 할 것이다.

군대에서 기합을 많이 받은 자가 다시 부하에게 많이 준다는 통설, 즉 전이轉移라는 현상이 있는데 현명한 시어머니는 이런 어리석은 상관이 되지 않아야 할 것이다.

◆ 포인트 : 시어머니 10계명

1) 아들과 며느리의 행복을 먼저 생각하라.
2) 같은 꾸지람을 되풀이 말며, 며느리 흉을 보지 말라.
3) 며느리의 사생활을 존중하라.
4) 자기 딸 앞에서 며느리의 체면을 세워 주라.
5) 손자 교육은 며느리에게 일임하라.
6) 며느리가 시어머니에게 고마움을 느끼도록 행동하라.

7) 젊은 세대를 이해하기 위해 독서를 하라.

8) 며느리의 생일을 챙기고 자주 칭찬하라.

9) 가정에서의 역할을 익히도록 도와주라.

10) 며느리를 딸처럼 사랑하라.

1-5 자녀의 훈련

　호랑이는 새끼 호랑이를 훈련시키기 위하여 절벽에 밀어 넣고 기어오르면 또 떨어트려 발톱에 피가 나도록 훈련을 시킨다고 한다. 그리하여 강인한 체력과 인내심을 길러 험한 동물 세계에서 살아남을 수 있는 능력을 만들어준다. 그런데 우리 주위를 돌아보면 동물만도 못하게 자녀를 온실의 화초처럼 길러 사회에 적응하지 못하고 시들게 하는 부모도 있다. 기를 살려준다고 야단 한번 치지 않은 아이는 초등학교에 들어가자마자 돌변한 처우를 감당하지 못하여 책상 밑에 들어가거나 아예 등교를 거부하기도 한다. 누구나 자기 아이는 천재 같이 보이고 똑똑하여 특별하게 키우고 싶은 착각에 빠진다. 그리하여 한창 자라는 아이에게 몇 날 입지도 못하는 고급품만 입혀 차별화하려고 한다. 어려서부터 인간은 평등함을 일깨워주기 위해 보통 인간으로 훈련시킬 필요가 있다.

(1) 훈련의 책임

　가정 교육이나 학교 교육의 책임은 자녀의 어머니에게 떠맡기고 그 아버지는 돈만 벌어다 주면 된다는 생각을 가진 부모가 많은데, 이는 극성스러운 어머니의 교육열, 즉 치맛바람이 가져온 풍조 때문인 것 같다. 맞벌이하는 부부의 경우도 바쁘기는 어머니 쪽이 더한데 아버지는 아랑곳하지 않고 등교 준비에서 병원 출입 등 자녀의 모든 것을 어머니가 도맡아 하는 것으로 되어 있고 자녀가 잘못되기라도 하면 아버지는 어머니에게 책임을 추궁하는 어처구니없는 일도 일어난다.

자녀교육은 부부가 한마음이 되어 정성껏 뒷바라지해도 성과가 없는 경우도 많은데 어느 한쪽에 맡기고 나중에 책임 전가나 하는 것은 바람직한 일이 못된다. 또 아이의 조부모와 함께 생활하는 가정에 있어서 경륜이 많다 하여 손자의 교육에 깊이 관여하는 경우도 있는데, 이것도 삼가야 할 일이다. 자녀 교육의 주체는 어디까지나 부모에게 있으므로 조부모는 한 발짝 물러나 조교 정도의 역할만 하면 정상적으로 자라게 될 것이다.

(2) 훈련 종목의 선택

어떤 부모들은 자기가 하지 못한 공부, 특히 예체능 방면의 공부를 자녀에게 강요하여 대리만족을 얻으려는 경우도 있다. 사람의 능력은 한정되어 있는데 너무 많은 여러 가지 종목을 짐지워 모두를 포기하게 만드는 일이 없도록 세심한 관찰을 게을리하지 말아야 한다. 어렸을 때는 보는 것마다 관심이 있어 흉내 내는 것을 취미가 있다, 소질이 있다 하여 피아노도 배우게 하고 태권도로 심신을 단련시키고, 세계화에 대비하여 영어공부도, 과학 실험도 시키는 것은 좋으나 진행 상황을 점검하여 가망이 전혀 없는 종목은 일찍 끝내야 할 것이다. 너무 과중한 공부는 심적 육체적으로 부담을 주어 병약해질 염려가 있으므로 항상 관찰할 필요가 있다.

(3) 훈련 정도와 수준

행복한 사람은 특별한 사람보다는 보통사람에게 더 많다. 보통사람은 신문기자에게 쫓기지 않으며, 대중의 세심한 관찰과 감시를 받지 않으며, 사생활을 빼앗기지 않고 평화롭게 살 수 있는 사람이다. 경쟁사회에서 목표와 정상을 설정하고 달려가는 것은 당연한 일이나 어려서부터 아이를 특별하게 만들고 차별화하는 것은 바람직하지 못하다. 사람은 평등하다는 생각을 할 수 있는 수준으로 훈련되어야 할 것이다. 예를 들면, 초등학교의 화장실이 지금은 모두 수세식으로 되어 있으나 재래식으로만 있는 학교에서 이를 사용하지 못하는 학생과 같은 훈련 수준이 문제인 것이다.

1-6 태교胎教

(1) 태교란 무엇인가

태교란 어머니로부터 태어나기 전에 태아胎兒를 교육하는 방법이다. 다시 말하면, 임신부가 태아에게 좋은 영향을 주기 위해 언어, 행동, 마음가짐 등을 조심하는 일로 어머니로부터 태어나기 전에 뱃속에 있는 자녀를 교육하는 방법이라 하겠다. 국어사전에는 '아기를 밴 여자가 언어, 행동을 삼가 태아에게 저절로 좋은 감화를 주는 일'이라고 하였다.

태교에 관하여는 여러 가지 설이 있으나 결국 인격체로서의 성장력과 가능성을 가진 존재로 보고 태중기에 바람직한 좋은 환경을 조성함으로서 태아 때부터 올바르게 키우고자 하는 부모들의 온갖 노력이라고 볼 수 있다.

인류의 역사가 시작한 이래로 보다 훌륭한 자손을 출산하고자 하는 바람은 계속되어 온 본능이라 하겠다. 특히 가정을 이루면서 남녀의 결합은 종족의 번식이 목적이었으며 가정에서의 중요기능은 자녀를 출산하는 것과 자녀를 양육하는 것이었다. 이 기능은 현대의 문명사회에서도 마찬가지로 바뀔 수 없는 영원한 것이다.

(2) 우리나라의 전통태교

태교신기 등 문헌기록에 나타난 자료들을 종합하여 우리나라의
전통적 태교내용을 살펴본다.

1) 삼가야 할 행동

간사하고 남을 속이는 일, 탐내거나 부당한 욕심, 화를 내거나
모진 말을 하는 것, 남을 꾸짖거나 헐뜯는 일, 귓속말, 수다 등.

2) 근신해야 할 일

옷을 너무 덥게 입는 것, 너무 배부르게 먹는 것, 차거나 더러운
데 앉는 것, 산과 들에 가는 것, 우물 옛 무덤, 옛 사당을 엿보거
나 들어가는 것, 약을 함부로 먹거나 침. 뜸을 함부로 맞는 것, 몸
을 기울여 앉는 것, 모로 눕거나 엎드리는 것, 왼쪽에 있는 것을
오른손으로 잡거나 오른쪽의 것을 왼손으로 잡는 일, 추위와 더위
에 낮잠을 자는 것, 해산달에 머리를 감거나 발을 씻는 일.

3) 먹어서는 안 될 음식

바르지 않은 모양의 것, 벌레 먹거나 썩어서 떨어진 것, 참외,
날 채소, 찬 음식, 냄새나 색이 나쁜 것, 제철이 아닌 과일과 채소,

고기류, 우렁이, 가제, 나귀, 비늘 없는 물고기, 엿기름, 마늘, 메밀, 용수湧水, 복숭아, 순무, 마, 개고기, 닭고기, 알을 찹쌀과 함께 먹는 것, 오리고기 및 알, 참새고기, 생강, 비듬나물, 산양고기, 버섯, 계피, 건강乾薑, 노루고기, 말밑조개, 쇠무릎,등

4) 가까이 두고 보아야 할 것

귀인이나 호인을 만나는 것, 백옥과 공작새 같이 화려하고 아름다운 물건, 성현의 좋은 글, 신선이 허리에 찬 관대, 패옥, 그림 등, 난봉 주옥 등

5) 보고 들어서는 안 될 일

광대, 난쟁이, 원숭이, 서로 희롱하며 다투는 것, 병신이나 몹쓸 병이 있는 사람, 무지개, 벼락, 일월식, 유성, 혜성, 물이 넘치는 것, 음란하거나 병든 새, 짐승, 더럽고 애처로운 벌레소리, 잡된 노래, 시장의 떠들썩한 소리, 술주정뱅이 소리, 욕하는 소리, 서러운 울음소리 등, 이 밖에도 약물 금기와 임산한 월 별로 금기해야 할 음식 등 다양한 유형이 있으나 현대에 적합하지 않은 미신적인 것은 제외하였다.

1-7 형제의 화목

'형제처럼 지낸다.'라는 말이 있는데, 이것은 타인 간의 친밀상태를 표현하는 말이다. 사실에 있어서 형제 간의 친밀감은 모두 부모와 한집에서 살면서 혼인하기 전에 최고에 달했다가 혼인하면서 외부에서 들어온 아내의 역할에 의해 점차 소원해지기 마련이다. 거기에 부모의 재산 분배나 왕실에서 보는 권력 승계의 문제가 있을 경우에는 대단한 투쟁으로 번져간다. 혼인 후 형제들의 가정에 생활 정도의 차이가 생기고 자녀들의 학교 성적, 진학한 학교의 수준 등에 큰 차이가 생기면 시샘도 하고 방치하면 금이 가기 시작한다. 이런 것들을 조절하는 사령탑은 역시 부모인 것이다.

어려서부터도 형제 간에 학교 성적에 따른 우월감과 위축된 감정이 마음속 밑바닥에 깔려 성장 후에도 남는 경우가 있다. 그러므로 자녀에 대한 비교 칭찬이나 격려 등은 공개적으로 할 것과 비공개로 할 것을 구별해야 한다. 성적이 나쁜 형과 성적이 좋은 동생을 한데 모아놓고 칭찬을 하게 되면 동생은 우쭐해지나 형은 굴욕감을 감당할 수 없게 되고, 형만을 격려하게 되면 동생은 형만을 감싸고 자신을 도외시한다고 비뚤어진다.

음식이나 의복을 분배하는 과정에서도 가급적 차별대우를 하지 않도록 관심을 가져야 한다. 지금은 좋은 의류가 많아 별문제가 없지만 예전에는 형에게만 새 옷이 입혀지고 동생들은 줄줄이 형의 헌 옷을 이어받아 입으면서 불평도 하지 못했다.

성장한 후에도 집안 행사가 있을 경우에는 모두 참석하도록 부모가 종용해야 한다. 아들의 바쁜 사정을 봐준다고 제삿날에도 빠지게 하고 멀리 있는 아들은 수고와 비용이 많이 드니 올 것이 무어냐는 등 만날 기회를 차단하면 형제는 더욱 멀어지게 되는 것이다. 아무리 다정다감했던 형제라도 오랫동안 만나지 않게 되면 남과 다를 바가 없는 것이다.

1-8 재혼 가족

　초혼이나 재혼이나 혼인에 이르는 과정은 크게 다를 바가 없다. 재혼과 초혼이 다른 점은 초혼해서 살아본 경험을 가지고 있다는 것과 장성한 자녀들이 있을 경우, 이들의 의견도 함께 수렴해야 하는 일과 조성한 재산이 있을 경우, 이의 관리 문제이다. 이를 두 부부 다 합심하여 합리적으로 잘 처리해 나가면 새로운 변화에 대한 집단적인 저항은 어렵지 않게 극복할 수 있는 것이다.

　남편이나 부인을 사별한 경우와 이혼한 두 가지의 경우에 재혼이 이루어지는데, 서로 유의할 점은 전남편이나 전부인의 과거를 묻지 않는 것과 비교하지 않는 일이다. 어렵지 않으면서도 불쑥 튀어나와 상대방의 기분을 상하게 만들고 어렵사리 결합한 두 사람의 사이에 금이 갈 수도 있기 때문이다. 항상 염두에 두어야 할 일은 서로 필요하고 사랑하기 때문에 결합한 것이므로 상대방의 상처를 위로해 주고 치료하는 노력이다.

(1) 재혼가족의 형성단계

미국의 페이퍼노우는 재혼가족의 7단계 과정을 주장하면서 몇 년은 걸려야 성공적으로 적응할 수 있다고 발표하였다. 단계별 특성은 다음과 같다.

1) 환상단계 (Fantasy)

어른들은 즉각적인 사랑과 적응을 기대하며 아이들은 그 기대를 무시하고 생물학적 부모에게 결합한다.

2) 유사동화단계 (Pseudoassimilation)

환상을 깨달으려는 노력을 하며 생물학적 계보에 따른 구분을 하고 계부모들은 무언가 잘못되어가고 있다는 느낌을 갖게 된다.

3) 경계단계 (Awarenes)

계부모들은 무엇이 변해야 할 필요가 있는지 깨닫기 시작하며 부모는 새로운 배우자와 자식 사이에서 갈등을 일으키며, 생물학적 라인을 따라 그룹이 나누어지면서 아이들은 부부 사이의 차이를 관찰한다.

4) 가동단계 (Mobilization)

부부 사이에 토론을 이끄는 강한 감정들이 표현되기 시작하며 계부모들은 변화에 대한 명백한 필요성을 가지게 된다. 부모는 변화가 가져올 손실에 대하여 공포를 느끼며 생물학적 그룹으로 분리되고 아이가 없는 계부모는 가족 안에서 고립된다.

5) 행동단계 (Action)

문제를 해결하기 위해 부부가 함께 노력하기 시작하고 가족구조의 변화를 일으키며, 반면 아이들은 변화에 대한 저항을 나타낸다.

6) 접촉 (Contact)

부부가 잘 협동하며 계부모와 자녀간의 다른 관계들 사이에 보다 친밀한 유대가 형성되기 시작한다. 계부모는 계자녀에 대하여 명확한 역할을 갖게 되며 명확한 한계를 형성하게 된다.

7) 해소단계 (Resolution)

핵가족의 안전감을 형성하며 문제가 발생하면 앞의 단계로 이동하게 된다.

(2) 재혼가족의 과제

위의 각 단계에서 재혼가족이 수행해야 할 과제를 제시했는데, 1, 2, 3단계에서는 당면한 딜레마와 도전들을 정확히 인식하며, 자신의 지지 집단을 확보하고, 가족원과 1:1의 시간을 가지며 친부모

조력자로서의 계부모 역할을 하고 가족원 모두의 욕구를 파악한다.

4, 5단계에서는 재구조화하게 되는데, 건설적으로 논쟁하는 방법을 배우며, 새로운 가족규칙, 전통 만들기, 가족행사 등을 계획한다.

6,7단계에서는 재혼가족을 공고하게 하는데 각자의 역할을 확인하며 충성심과 갈등을 줄이고 '우리'라는 의식을 느끼게 하는 가족시간을 갖는다.

우리나라의 재혼에 대한 인식은 어떤가? 통계청이 2024년 실시한 사회통계조사에서 재혼에 대한 견해를 살펴보면, 찬성과 반대가 비슷한 비율이고 해도 좋고 안 해도 좋다는 중립파가 50% 이상이어서 긍정도 부정도 아닌 모호한 태도를 보이고 있으며, 사별하거나 이혼한 경우도 비슷한 경향을 보이고 있다.

제2장 부부관계

2-1 부부간의 호칭

부부간의 호칭은 쉬운 것 같으면서도 따지고 보면 매우 까다로운 점이 많다. 영어권에서는 남편과 아내(husband and wife)만으로 거의 통용되고 있는데, 우리나라는 그렇지 않다. 요즘의 젊은 세대는 혼인 후에도 '오빠' 또는 애매모호한 '자기' 등으로 부르고 있는데 이것은 없어져야 할 풍습이다. 부부간의 칭호는 연령에 따라 장소에 따라 다르므로 잘 구별해서 불러야 한다.

(1) 부부가 서로 부를 때

- 여보. 당신 (공통)
- 어린이 이름과 아빠, 엄마 (젊은 층)
- 영감, 마누라 (늙은 층)

(2) 아내를 남에게 말할 때

- 아내입니다. (연령 공통)
- 안사람입니다. (어른에게)

- 집사람입니다. (어른에게)
- 제댁입니다.(본가나 처가의 어른에게)

(3) 남편을 남에게 말할 때

- 남편입니다. (연령 공통)
- 바깥양반입니다. (같은 연령층끼리)
- 주인입니다. (어른에게)
- 서방입니다. (친정 어른에게)
- 사랑(손님방)입니다. (시댁 어른이나 동서에게)

부부간의 호칭과 관련하여 짚고 넘어가야 할 '결혼'이라는 말이 있다. 이 말은 일제 강점기에 사용하던 일본말을 해방 후에도 직역하여 사용하고 있는데, 이것은 남성 위주의 표현으로서 이 시대에 맞지 않는 말이다. 우리말로는 '혼인'이라야 맞다. 혼婚은 장가들 혼자이고 인姻은 시집갈 인자이다. 우리의 조상들은 선견지명이 있어서 남녀를 평등하게 행사명을 지었는데 일본 사람들은 남성 우위로 혼자만을 강조해서 '축 결혼' '축 화혼'이라고 표현하고 있다. 우리나라 법률용어로는 모두 혼인으로 표현하고 결혼이라는 용어는 찾아볼 수 없다

혼인을 하면 부부는 상대방의 혈족과의 사이에 인척관계가 생긴다. 민법의 친족편을 보면 친족의 범위는 배우자, 8촌 이내의 혈족

그리고 4촌 이내의 인척으로 하고 있다. 부부와 관련되는 몇 가지 친족 간의 호칭을 정리해 본다.

- 남편의 형: 시숙, 아주버니, 서방님
- 남편의 동생: 도련님(어릴 때) 서방님(성장 후)
- 남편의 누님: 형님
- 남편의 누이: 작은 아씨, 아가씨
- 남편 형제의 누님: 웃동서, 동서(손아래)
- 시누이의 남편: 서방님

2-2 부부간의 대화

　대화란 다른 사람들이 서로 다른 관점에서 말을 주고받으며 이루어지는 교제의 한 방법이다. 말을 하는 사람과 듣는 사람이 있는데, 말을 하는 방법은 쉬운 것 같으면서도 매우 어렵다. 말을 잘못하여 화를 입은 것을 설화舌禍라 하고 '말이 많으면 실수가 많다.'는 속담도 있다. 듣는 방법도 그냥 듣는 청취가 있고 열심히 귀기울여 듣는 경청傾聽이 있다. 또 한 사람이 한 말을 여러 사람이 들었는데 어떤 사람은 부정적으로 듣고 어떤 사람은 긍정적으로 들어 '듣는 귀가 보배로다'라는 말도 있다. 그리고 상대방에게 질문할 때도 조심스럽고 적절하게 해야 한다. 중요한 말은 부부간에도 세 번 생각해 보고 발설하는 것이 바람직하다. 한번 엎지른 물은 주어 담을 수 없는 것과 같이 한번 뱉은 말도 주어 담을 수가 없기 때문이다.

(1) 집안에서 새는 바가지

　남편과 아내가 단 둘이 앉아 나누는 대화에 무슨 예절이 필요할

까. 아무렇게 지내도 모두 우리 몫이니 집안일 남이 상관할 바 아니라고 생각하는 사람도 있을 것이다. 속담에 '집안에서 새는 비가지 밖에서도 샌다.'는 말이 있다. 집안에서 천박스럽게 대화하는 부부는 밖에서도 그렇게 대화할 수밖에 없다. 밖에 나가서는 조심하면 된다고 말하는 사람도 있으나 버릇이 되어 나쁜 말씨가 그대로 튀어나오기 마련이다.

모름지기 남편과 아내는 부부 10계명 7조에 따라 서로 존중하며 예의를 지키는 것이 가장 안전한 벨트가 될 것이다.

(2) 약점을 말하지 말라

누구나 함께 사는 사람으로부터 존경받고 인정받기를 원한다. 그런데 가장 가까운 부부간에 서로 상대방의 약점을 말한다면 자존심에 커다란 손상을 준다. 잘못된 한마디 말이 상대방의 가슴에 큰 못을 박고 나중에 깨달아 그것을 빼기란 쉬운 일이 아니 것이다. 그 상처는 아물지 않고 화근이 되어 엄청난 사건을 만들기도 한다.

신문지상에 보도된 실화 한 가지를 소개하면, 부부판사가 있었는데, 부인 판사가 남편 판사에게 남편의 판결이 잘못되었다고 여러번 지적해 주었다. 열등감에 사로잡힌 남편은 그것을 고마운 충고로 받아들이지 못하고 말다툼으로 진전되어 마침내는 부인판사를 살해하는 비극으로 막을 내렸던 것이다.

또 하나의 예로서 3녀인 아내에게 남아 출산을 강조하면서 그의 아내는 큰 스트레스를 받게 된다. 아내는 친가에서 아들을 기다리는 부모로부터 살뜰한 사랑을 받지 못했기 때문이다.

남편은 아내의 친정집 결점이나 약점을 말하지 않고 아내는 시댁의 잘못된 점을 직설적으로 말할 필요가 없다. 오랜 가문의 전통이 한마디 말로 고쳐질 일이 아니기 때문이다.

특히 주의할 것은 부부가 학력이 같거나 사회적 지위가 비슷하거나 경제력이 대등할 때 위험이 더 크다. 대화에서 남편이 불리한 처지에 있게 되면 옹졸한 남편은 이성을 잃고 원시적인 폭력을 행사하려 들기 때문이다.

(3) 아집을 버려라

부부가 몇 년간 살다 보면 서로의 장단점도 알게 되고 조심성도 사라지면서 자기 주관이 뚜렷이 서게 마련이다. 그리고 서당개 3년에 풍월을 짓는다는 속담과 같이 아내는 남편의, 남편은 아내의 언행 습관과 어느 정도의 지식을 배우게 된다. 거기에다 저 잘난 맛에 산다고 조금 성취한 가정 형편은 자신의 공이라고 주장도 한다.

그리하여 가사의 사소한 일에도 양보할 줄 모르고 자기주장만 내세우게 되는데, 결국 말소리가 높아져서 서로의 감정을 자극하고 다음 순서는 부부싸움으로 번지면서 끝내는 씻을 수 없는 상처를 남기기도 한다.

그러므로 이럴 때를 대비하여 서로 존댓말을 씀으로써 오만함을 억제하게 하고 겸손의 덕을 보도록 젊어서부터 일찍 훈련을 쌓아야 할 것이다.

(4) 달콤한 대화

어떤 대화를 나눌까? 찌든 살림 이야기는 맨 나중으로 돌리고 시작은 즐겁고 기쁘고 달콤한 이야기부터 시작한다. 그러면 어려운 살림 이야기도 잘 풀리게 될 것이다. 부부 10 계명 9조에 따라 처음 만났을 때를 항상 기억하고 레코드판과 같이 되풀이하더라도 그때의 분위기와 둘이서 나눈 말들을 확인하는 것이다. 예를 들면 아내가 죽게 되면 자신도 따라 죽겠다고 한 남편의 약속이 지금도 변함없이 유효한지 확인하는 것이다. 그리고 둘이서 간직한 아름다운 사랑노래를 가끔 불러보는 것이다.

솔로몬의 사랑노래 한 편을 들어보자.

(신랑)
아름다워라.
그대, 나의 고운 짝이여,
너울 뒤의 그대 눈동자
비둘기같이 아른거리고,
머리채는 길르앗 비탈을 내리닫는
염소 떼,

이는 털을 깎으려고 목욕시킨
양떼 같아라.
새끼 없는 놈 하나 없이
모두 쌍둥이를 거느렸구나.
입술은 새빨간 실오리,
입은 예쁘기만 하고
너울 뒤에 비치는 볼은
쪼개 놓은 석류 같으며,
목은, 높고 둥근 다윗의 망대 같아,
용사들의 방패 천 개나 걸어 놓은 듯싶어라.
그대의 젖가슴은
새끼 사슴 한 쌍,
나리꽃밭에서 풀을 뜯는
쌍둥이 노루 같아라.
산들바람이 불기 전에,
땅거미가 지기 전에,
나는 몰약산으로 가리다.
유향언덕으로 가리다.
나의 귀여운 짝이여,
흠잡을 데 하나 없이
아름답기만 하여라.

나의 신부여,

레바논에서 이리로 오너라.

레바논에서 이리로 오너라.

어서 오너라.

아마니산 꼭대기에서 ,

스닐산 꼭대기, 헤르몬산 꼭대기에서 내려오너라.

사자 굴에서, 표범 우굴거리는 산에서 내려오너라.

나의 누이, 나의 신부여,

나는 넋을 잃었다.

그대 눈짓 한번에

그대 목걸이 하나에,

나는 넋을 잃고 말았다.

나의 누이 나의 신부여,

그대 사랑 아름다워라.

그대 사람 포도주보다 달아라.

그대가 풍기는 향내보다

더 향기로운 향수가 어디 있으랴!

나의 신부여!

그대 입술에선 꿀이 흐르고

혓바닥 밑에는

꿀과 젖이 괴었구나.

옷에서 풍기는 향내는
정녕 레바논의 향기로다.
나의 누이 나의 신부는
울타리 두른 동산이요,
봉래 둔 샘이로다.
이 낙원에서는 석류 같은 맛있는 열매가 나고,
나르드, 샤프란, 창포, 계수나무 같은
온갖 향나무도 나고,
몰약과 침향 같은
온갖 그윽한 향료가 나는구나.
그대는 동산의 샘
생수가 솟는 우물,
레바논에서 흘러내리는 시냇물이어라.

(신부)
북새야 일어라.
마파람아 불어라.
나의 사랑하는 님이 이 동산에 오시어
달콤한 열매를 따먹도록
내 동산의 향기를 퍼뜨려라.
　　　　　〈아가서 4장〉

◆ 포인트: 부부 10계명

1) 몸이 튼튼하고 행복한 상태를 유지하고자 노력한다.

건강하지 않으면 아무것도 할 수 없다. 그러므로 건강할 때 건강을 지키려는 명언을 가슴에 새기고 자신의 건강 상태를 점검해야 한다. 그리고 행복한 상태를 유지하기 위해서는 긍정적인 생각, 긍정적인 미래, 긍정적인 부부의 관계 즉 장점을 발견하려는 노력을 지속해야 한다.

2) 자신의 삶에 충실해야 한다.

모든 것은 자기로부터 시작한다. 자신이 충실하지 않으면서 상대방에게 충실을 요구할 수는 없다. 서로에게 충실하지 않으면 부부간에 금이 가기 마련이다. 충실하게 살아가는 반려자를 보면 사랑보다 한 단계 높은 존경심마저 생겨 귀하게 보이는 것이다. 충실한 부부의 수기를 소개한다.

"어휴. 요즘도 저런 것에 감동을 받나? 정말 유치하다, 유치해."

저는 아침 TV프로에 나와서 남편이 꽃다발을 사가지고 와서는 노래를 불러주고, 어쩌고 저쩌고하며 잔뜩 남편 자랑을 하는 주부들을 볼 때면 이렇게 코웃음을 쳤습니다. 둘만 나가서 소주랑 생맥주를 사주고는 남편이 별로 좋아하지도 않는 노래방에 저를 데리고 가서 불러주는 노래, 제 손을 꼭 잡고서 그윽한 눈빛으로 저를 바라보며 부르던 '아내에게 바치는 노래'에 저는 그만 엉엉 울고 말았어요. 술도 한잔한 데다 지금껏 살아온 날들도 생각이 나서요. 그때 저는 알았죠. 왜 주부들이 꽃 한 송이, 노래 한 곡조에 감동 하는지. 이제껏 유치하다고만 생각하던 그런 일들이 제게 일어나니 저도 별 수 없더라고요. 아마 행복은 이런 정말 조그마한 것에서 찾아오나 봐요. 〈이주은〉

3) 섹시하게 자신을 가꾸며 아름다운 몸매를 유지한다.

혼인 전에는 누가 말하지 않아도 자신을 열심히 가꾸며 살다가 혼인을 하면 그 마음이 풀어져 아무렇게나 복장을 하고 몸매에도 신경을 쓰지 않는 부부가 많다. 이것은 부부에게 가장 무서운 권태를 불러들이는 기회를 주는 것이다. 늙어서 죽을 때까지 상큼한 모습으로 부부가 지낸다면 언제나 신선하고 행복할 것이다.

4) 기회가 닿는 대로 서로 접촉하도록 힘쓴다.

부부가 한 이불에서 자지 못하고 헤어져 있는 것이 가장 불행한 일이다. 여러 사정에 따라 부득이 함께 지낼 수 없는 형편이라 하더라도 많은 값을 치르면서도 자주 만나기를 힘써야 한다. 부부가 헤어져 있는 동안 불상사도 생길 염려가 있고 부부애가 소원해지기 마련이다. 기회와 시간이 가능한 만큼 시간을 내는 것이다. 주말밖에 시간이 없으면 주말 부부가 되는 것이며, 한 달에 한 번밖에 시간이 없으면 월 중 부부가 되는 것이다.

아내들이 가장 행복감을 느낄 때가 언제인가 라는 어느 기관의 설문조사에서 그 첫 번째가 '설거지를 하고 있을 때 남편이 뒤에서 안아줄 때'라는 답을 본 일이 있다. '사랑한다'는 백 마디 말보다 1백장의 사랑고백 편지보다 따뜻한 손길 한 번의 접촉이 더욱 기쁨과 위안을 주는 사랑을 강화하게 된다. 사랑하는 사람과 처음 마주 잡았던 손길, 첫 키스 등의 접촉을 잊지 말자.

5) 자신감을 가지고 살아간다.

운명적인 만난 부부는 자신감을 가지고 살아야 한다. 부모 형제가 돌보지도 못하며 친한 친구가 돌보지도 못하는 것이다. 모든 살림살이가 미숙하고 특히 성교에서 미숙하지만 머뭇거리며 땅속으로 기어들지 말고 자신감을 가지고 행동하는 것이다. 미숙한 것이 있다 하더라도 누가 그대를 탓할 것인가.

6) 서로 존중하며 예의를 지킨다.

상대방의 인격을 존중하는 것과 예의를 지키는 일은 부부가 죽어서 헤어질 때까지 계속되어야 하는 일이다. 부부간에 잘못이 있고 허물이 있다손 치더라도 그것을 있는 그대로 파헤쳐서 여러 사람 앞에 공개하거나 약점을 이용하면 부부관계는 사실상 끝난 것이나 다름이 없다. 이를 방지하기 위해서는 처음 만나서부터 서로 예의를 지켜야 하는 것이다.

7) 상대방의 기분을 북돋우어 준다.

부부는 항상 원기 왕성한 것은 아니다. 사업에 실패할 때도 있고 병들어 힘들 때도 있다. 넘어진 남편을 부축하고 쓰러진 아내를 얼싸안고 언덕을 넘어야 한다. 남편이 발기부전이라고 폐인 취급을 하면 다시는 일어나지 못한다. 원인을 찾아 공동으로 대처해야 하는 것이다.

8) 서로의 생각이 일치하도록 노력한다.

부부가 서로 다른 환경에서 다른 교육을 받고 성장하였으므로 많은 대화를 통해서 생각이 접근하도록 힘써야 한다. 속담에 부부는 닮는다는 말이 있는데, 이것은 서로가 노력했는가를 보여주는 예가 될 것이다. 여기서의 생각은 언제나 선한 생각을 말하는 것이다. 남의 것을 뺏으려는 생각에 일치해서는 아니 될 것이다.

9) 처음 만났을 때를 항상 기억한다.

부부는 오래 살면서 시들어가고, 같은 매일이 반복되면서 어떤 때는 짜증이 난다. 아내의 경우 아이도 낳고 세월이 많이 흘렀는데 이제 나를 어찌할 것인가 하고 나태해지면 남편은 더욱 실망하며 다가서지 않게 되는 것이다. 이것을 극복하는 길은 서로 새로워지려는 노력이 필요하다. 몸가짐이나 복장에서도 참신한 기분을 느낄수 있도록 항상 가꾸고 있어야 한다. 항상 처음 만났을 때와 같이 가슴이 두근거리며 지내도록 노력해야 한다. 어떤 아내의 수기를 소개한다.

- 고등학교를 막 졸업하고 사회생활을 시작한 나는 회사 입사 동기인 그를 사랑하게 되었다. 하지만 사귀고 얼마 지나지 않아 그는 군대에 가야만 했다. 대한민국 남자라면 누구나 가야 하는 군대였지만 사랑이 영글지 않은 상태였기 때문에 미래에 대한 불안과 걱정으로 그에게 어떤 확실한 대답도 하지 못한 채 그를 군대에 보내야만 했다. 그가 군대에서 힘든 시간을 보내고 나는 회사생활 하랴 야간대학 입학준비를 하랴 무척 바쁜 시간을 보내던 그 해 겨울 늦은 저녁 어느 레스토랑을 찾았다. 친구와 한참 수다를 떨고 있는데 갑자기 무대에서 사회자의 코멘트와 함께 신청곡이 흘렀다. 곧 입대할 친구를 위해 조촐한 파티를 열고 있던 옆 테이블에서 신청한 사연과 노래였다. '군대 가는 친구 배웅 갔다 와서 웬지 모를 눈물 밤새 흘렸네~ 쬐끔 보고 싶어 따라가고 싶어 떠나갈 때 표정 잊혀지지 않네~ 눈을 감아보면 또 떠올라 다시 눈을 뜨면 사라져가네~ 군대 떠나가고 알게 됐지 내가 너를 무척 사랑한다는 걸~

노래가 끝날 즈음 창 밖에는 하얀 눈이 하염없이 내리고 있었고, 얼마 남지 않은 크리스마스 때문인지 들뜬 거리를 보고 있으니 감자기 군대에 간 그가 생각났다. 이 추운 겨울에 힘들고 고된 훈련을 받고 있을 그의 모습이 눈앞에 떠올라 그만 눈물을 펑펑 쏟으며 울고 말았다. 처음엔 그 눈물의 의미를 확실히 알 수 없었지만 시간이 조금 지난 후 그가 나의 운명적 사랑임을 알게 되었다.

그 일이 있은 후 나의 사랑은 열정적으로 변했다. 매일 하루도 빠짐없이 그에게 편지를 썼고 그래서 부대에서 모르는 사람이 없을 정도로 소문이 났다고 한다.

긴 3년이란 세월이 흐르고 제대하던 날 우리는 두 손을 꼭 잡고 향기로운 공원 벤치에 앉아 그동안 나를 버틸 수 있게 해 준 그 노래를 함께 불렀다.

이제 나의 영원한 반려자가 되어 처자식을 위해 수고하는 그이, 요즘도 가끔 '군대 가는 친구'를 들으면 그 옛날 그와의 면회를 기다리며 부대 앞 느티나무 아래에 서있던 숙녀로 되돌아가곤 한다.
〈김진혜〉

10) 문제가 생기면 한 번에 한 가지씩 해결해 나간다.

부부가 살다 보면 많은 문제들이 한꺼번에 생기는 경우도 있다. 이럴 때는 당황하지 말고 침착하게 문제의 우선순위를 매기고 매우 중요하고 시급한 일부터 부부가 합심하여 하나씩 풀어 가는 것이다. 모든 것을 한꺼번에 해결하려 들면 힘도 들지만 집중력이 없어 제대로 해결이 안 되기 마련이다.

부부싸움도 한 가지씩 하도록 약정한다. 대책 없이 부부싸움을 하기 시작하면 하나의 작은 불씨가 연쇄반응을 일으켜 이성을 잃고 상대방의 형제, 부모까지 들먹이다가 가문 전체에 비호하고 마침내 아내나 남편의 자존심을 건드려 치유할 수 없는 상처를 입게 된다.

그리고 서로의 취향과 성향 그리고 삶의 리듬이 일치하도록 노력하는 것이 매우 중요하다. 위의 계명을 지키기 위하여 노력한다면 기쁘고 즐거운 일생이 될 것이며 만일 이를 무관심하게 방치한다면 부부간에 불협화음이 일어나고 마침내 고집하다가는 각자의 외로운 길로 쓸쓸히 걸어가야 할 것이다.

2-3 취향과 성향과 삶의 리듬

　부부의 애정을 끊임없이 이어가기 위해서는 위에 나열한 부부 10계명을 잘 지켜야 하겠지만 그 가운데서도 맨 나중의 말미에 언급한 '서로의 취향趣向과 성향性向과 삶의 리듬을 일치시켜야 한다.'는 것을 명심해야 한다.

　눈이 맞아 혼인을 했건, 중매에 의해 혼인을 했건 간에 살아가면서 부부가 이것이 서로 일치한다는 것을 알게 되면 그 혼인은 성공한 것이며 만일 이것이 일치하지 않는다면 일치하도록 서로 끊임없이 노력하거나 이것이 전혀 불가능할 경우에는 헤어지는 것이 상책이다. 사례를 들어보기로 한다.

　부유하며 아내는 아름답고 남편은 성실한 부부가 있었다. 누가 보아도 양가의 혼인은 잘된 것이며 부부는 행복하게 보였다. 남편에게는 세상에 하나밖에 없는 친구가 있었다. 혼인 후 셋은 부유한 부부의 집에서 자주 만나 식사도 하고 정원을 산책하며 대화를 나누었다. 그러한 가운데 아름다운 아내와 남편의 친구는 서로의 취향과 성향과 삶의 리듬이 같다는 것을 발견한다. 둘은 음악에 대하여 그림에 대하여 많은 이야기를 즐겁게 나누었는데, 남편은 예술에 대하여 전혀 관심이 없고 아내에게는 흥미가 없는 정치에 관해 일방적으로 열변을 토하곤 했다.

아내와 친구의 눈빛은 점점 빛나고 아내는 몰래 친구의 집을 방문하게 되고 친구는 성실한 남편을 살해할 결심을 한다. 결국 권총은 방아쇠를 당겼으나 발사되지 않고 미수로 끝나 멀리 타국으로 떠나게 된다. 이것은 산도르 마라이가 쓴 소설 '열정'의 줄거리다.

또 하나의 사례는 실화인데, 정숙하고 교양 있고 아름다워 시부모의 사랑도 많이 받는 아내와 중류 정도의 생활을 할 수 있는 건실한 남편이 있었다. 성실했던 남편은 어느 날 우연한 기회에 접객업을 하는 한 여인을 알게 되어 이른바 사랑에 빠지게 된다. 이 사실을 알게 된 부모는 착한 며느리를 위해 진정 집으로 돌아올 것을 간청했으나 아들은 끝내 돌아오지 않았다. 아내는 성에 대하여 항상 불결한 것, 부도덕한 것 등을 내세우며 부정적인 성향의 생각을 가지고 남편을 대했으며 그와 반대인 남편은 엄숙할 정도인 아내에 대하여 늘 불만에 싸여 있다가 어느 날 자기의 취향을 알아주는 여인을 만나게 되어 불륜에 빠진다. 결국 부부는 이혼을 하고 남자는 재혼을 한다.

프랑스의 작가 키냐르는 사랑에 대하여 다음과 같이 말하고 있다. 생각해 볼만한 말이다.

'사랑한다는 것은, 옛날에 우리가 어머니에게 소속되었던 것처럼 타인에게 소속하는 것이다. 절대적으로. 그것은 타인이 고통을 받으면 사랑도 고통스러워하는 것이다. 타인이 죽으면 사랑도 죽는 것이다. 자신의 내부에서 사랑이 더 이상 온전하게 존재하지 못한다는 위험을 감수하는 것이다. 더 이상 보완되지 않는다는 것은 사랑이 취약해지는 것이다.

사랑은 의도적인 열정이 아니다. 사랑의 관계는 인간을 묶는 하나의 끈이 아니다. 사랑은 전혀 감상적이지도, 우호적이지도, 다정하지도 않다. 그것은 놀라움(눈), 혹은 한 술 더 떠 환각제(사랑의 마약)이다.'

그런가 하면 소설가 김형경 씨는 사랑 토론에서 사랑의 본질은 권력욕이다. 그 당사자에게 매혹적인 것, 그 당사자의 생존에 가장 유익한 것, 그 당사자의 욕망과 일치하는 것이라고도 하고 또 사랑은 미학적인 체험이라고도 하였다. 그리고 사랑은 소통, 즉 대화가 통한다든가 정서가 통하는 것이라고도 했고, 사랑은 영원한 것이 아니며 사랑은 고통일 뿐이라고도 했다.

2-4 부부의 평등과 딘스족

　남녀평등이 미흡하기는 하지만 그래도 여권의 신장은 나날이 상승되고 있는데 이 평등의 개념을 지식층에서도 잘 소화시키지 못하고 있는 것이 우리나라의 현실이다. 부부평등 또한 같은 맥락이지만 이 평등에 대해서 남성과 여성은 서로 이해할 수 있는 협상이 필요하다고 본다.

　부부의 평등은 어디까지나 인격의 평등을 말하는 것이지 능력의 평등을 말하는 것은 아니다. 말하자면 우리 신체의 각 기관이 자기고유의 기능을 충분히 발휘해야 우리 몸 전체가 조화 있게 행동되는 것과 같이 부부도 각자 자기 고유의 기능을 십분 발휘해야 한 몸이 된 부부의 행동 또한 조화 있게 되는 것이다.

　요즘 맞벌이 부부가 늘면서 같이 돈을 벌어오니 집안일도 같이 해야 된다고 주장하면서 단순한 이분법을 주장하는 주부도 늘고 있다. 부부가 똑같이 출퇴근하는데 저녁에 돌아온 남편은 피곤하다고 누어버리고 아내 혼자서 밤늦게까지 밥 짓고 빨래하고 다림질하고 아이를 본다면 아내는 돌아온 곳이 집이 아니라 지옥이나 다름없게 되는 것이다. 거기에 시집 식구들과 같이 산다면 스트레스까지 추가되는 것이다. 그러므로 부부가 서로 협의하여 어렵고 힘드는 일, 무엇 무엇은 남편이 하고 기타 쉽고 힘들지 않는 일은 아내가 하도록 정해두는 것이 좋다. 예를 들면, 남편은 빨래와 설거지를 하고 육아와 식사준비는 아내가 하는 식으로 정해 두는 것이다.

새로 등장한 용어로 딩크족(DINK: Double Income No Kid)과 딘스족(DINS: Double Income No Sex)이 출현했는데 표현만 틀릴 뿐 내용은 같은 것이다. 부부가 돈 벌기 바빠서 아이도 갖지 못하는 족속과 섹스도 하지 못하는 족속을 일컬음이다. 무한경쟁시대의 단면을 보여주는 씁쓸한 장면이지만 불황기를 극복하고자 하는 평등한 이들의 헌신을 받아줄 수밖에 없는 것이다.

또 평등이 역전되어 어떤 부부는 아내의 수입이 남편보다 많아 남편은 기죽어 있고 아내의 발언권이 더 강화된 집도 있다. 아무튼 부부의 평등과 여권의 신장으로 새로운 문제들이 일어나고 있는데 부부가 협력하고 이해하면서 새로운 부부상을 정립해 나가야 할 것이다.

2-5 혼인기념일

　한 쌍의 남녀가 만나서 친지들 앞에 성스러운 서약을 한 그날을 어찌 잊으랴. 어떤 부부는 그날을 기념하기 위하여 외식을 하거나 여행도 하고 가족사진을 찍기도 한다. 매년 찍는 집도 있고 5년마다 주기적으로 가족의 모습을 담아두기도 한다.

　이러한 행사는 세월이 가면서 오랜 연륜이 쌓일수록 더욱 소중해져서 기념일의 이름이 점점 귀하고 값진 물질의 이름으로 표현되기도 한다. 이것은 하나의 풍습이지만 기념하는 뜻은 서로의 사랑과 믿음을 재확인하고 더욱 결속하려는 의지를 다짐하는 것으로 보아야 할 것이다. 행사는 가급적 가족끼리 모여 조촐하게 치르는 것이 바람직하다. 혼인기념일의 이름을 참고로 나열해 본다.

1년: 지혼식紙婚式	20년: 도자혼식陶瓷婚式
2년: 고혼식藁婚式	25년: 은혼식銀婚式
3년: 과혼식菓婚式	30년: 진주혼식眞珠婚式
4년: 초혼식草婚式	35년: 산호혼식珊瑚婚式
5년: 목혼식木婚式	40년: 녹옥혼식綠玉婚式

7년:	화혼식花婚式	45년:	홍옥혼식紅玉婚式
10년:	석혼식錫婚式	50년:	금혼식金婚式
12년:	견혼식絹婚式	60년:	회혼식回婚式
15년:	동혼식銅婚式	75년:	금강석혼식金剛石婚式

2-6 열정을 지속시키는 방법

예절, 부부 10계명 등 부부가 지켜야 할 일들이 많지만 이것들을 계속 이어가게 하는 원동력은 열정, 즉 불타는 정열이다. 누구나 처음에는 열심이지만 시간이 흐르면 시들해지기 마련이다. 그래서 혼인 후 얼마 안 가서 권태기를 겪게 되고 서로의 문제를 잘 해결하지 못하여 이혼이라는 부부의 종말을 고하기도 한다.

우리는 종족을 보존하고 생존을 하기 위한 방법으로 남녀가 결합하던 구시대에 살고 있는 것이 아니라 삶의 질을 높이고 더 많은 행복을 누리고자 하는 풍요로운 사회에 살고 있으므로 사랑과 열정을 지속시키는 방법에 대해서도 크게 관심을 가질 때이다.

(1) 남자는 남성성을, 여자는 여성성을 지킨다

자석의 음극은 양극을 당기고 양극은 음극을 당기는 것과 같이 남자는 남자다워야 여자에게 끌리고 여자는 여자다워야 남자에게 끌린다. 열정을 지키기 위해서는 남녀의 차이를 인식해야 한다. 상대편을 만족시켜주기 위해서 그저 참고 자신의 바램을 포기해버리면 오히려 열정을 잃게 된다.

여성성을 유지하기 위해서는 규칙적인 기도나 명상, 운동 또는 영화나 연극 관람을 통해서 자신만을 위한 시간을 갖도록 노력해야 하며 하루에 몇 번 가족이나 친구들과 악수나 포옹하는 습관을 붙이는 등 여성성을 지키는 나름대로의 방법을 발굴해서 실행해야 한다.

남성성을 유지하기 위해서는 동성 친구들과 운동을 하거나 액션 영화를 보기도 하면서 규칙적으로 근육을 가꿀 수 있는 운동을 계속하고 굳센 정신력을 가다듬기 위해 골방 같은데 숨어 명상 또는 기도 등으로 규칙적인 자기만의 시간을 갖도록 해야 한다.

(2) 새롭게 변화하고 성장한다

아무리 좋은 노래라 할지라도 같은 노래를 계속 반복해 들으면 지겨워지는 것처럼 아무리 열정적으로 만난 부부라 할지라도 똑같은 나날이 계속된다면 곧 싫증을 느끼게 될 것이다. 변화를 위해서는 대화가 필요하다. 대화가 없으면 부부관계를 발전시킬 수 없으므로 서로 편안하게 이야기할 수 있도록 도와야 하며 한쪽을 주눅들게 하거나 감정을 상하게 하면 대화는 계속되지 못한다.

남자는 여자보다 인정받기를 좋아한다. 그래서 직장에서도 보수보다 상사의 인정을 받기 위해 더 열심히 일하고 있는 것이다. 그러므로 사소한 것이라도 여자는 남자에게 감사와 인정을 표시하여 감정을 새롭게 가꾼다. 그 밖에 새로운 변화를 만들기 위해 기념일을 축하하는 모임을 갖는다든지 선물을 마련하는 것도 효과를 낼 수 있을 것이다.

(3) 마음의 벽을 허문다

부부가 서로 자신을 무시 또는 비난하고 충고를 해대거나 자신이 베푼 일을 고마워하지 않고 당연한 것으로 받아들이면 이러한 일이 있을 때마다 서로 벽돌 한 장씩을 쌓게 된다. 벽돌 장막으로 분단된 부부애는 손을 뻗어 만질 수도 없고 사랑을 나눌 수도 없게 됨으로 벽돌 장막이 생기지 않도록 노력해야 한다. 우선 사랑을 받지 못하더라도 마음을 열 수 있는 기회가 반드시 오게 됨으로 기회를 잘 이용하여 자연스럽게 마음을 열어 관심도 주고 상대방에게 믿음을 주게 한다. 이러한 작업이 계속될 때 벽은 조금씩 무너지게 될 것이다.

열정은 상대방을 절실히 필요로 할 때 가장 강렬해진다. 서로의 욕구를 보다 강렬하게 느낄수록 한쪽은 상대방에게 의지하고 싶어진다. 그런데 줄 수 없는 것을 의지하거나 기대하면 실망하게 되고 오해하고 벽을 쌓게 된다. 상대가 항상 자신을 사랑해 주리라고 기대하는 것은 무리한 생각이다. 상대에게 너무 많은 것을 기대하다 보면 결국 상대방에 대한 관심과 믿음을 포기하게 된다.

(4) 자신을 스스로 책임진다

간단히 말해서 잘못된 원인을 네 탓이 아니라 내 탓으로 돌리라는 것이다. 과거의 잘못된 일이 되살아날 때 상대를 탓하는 것은 해결책이 되지 못하며 내면의 상처만 깊어져서 불신만 조장하게 된다. 한쪽이 술이나 도박에 몰두하거나 바람이 났다고 할 때, 관심을 게을리한 자신에게 책임이 있다고 반성하고 사랑을 회복하고자 노력하면 치유가 될 수 있지만 상대에게 전적으로 잘못을 규정하면 영원히 회복할 수 없게 되는 것이다. 그런데 이 부정적인 감정이 되살아나는 시기는 사랑으로 충만하게 되려 할 때 되살아나서 과거에 충족되지 못했던 욕구까지 합세하여 좋은 분위기를 망쳐버리는 것이다. 그래서 뜨거운 열정에 빠져 있다가도 몇 분 뒤에는 이별을 생각하게 되는 것이므로 매우 조심해야 할 순간인 것이다.

부정적인 감정을 억제하지 못하고 폭발하게 되면 걷잡을 수 없이 상대방에 대한 믿음, 보살핌, 고마움, 존경심, 이해심, 포용력 등을 한꺼번에 잃게 되어 열정은 싸늘하게 식어 가는 것이다.

(5) 한 사람에게 충실한다

한쪽은 상대방으로부터 정신적, 육체적 도움을 받으면 사랑받고 있다고 느끼며 그 감정은 분량보다 계속성을 중요시한다. 사랑이 중단되면 모든 것이 끝나기 때문이다. 여기서 중요한 것은 접촉의 정도를 잘 조절해야 하는데 계속적으로 붙어있으면 싫증이 나고 너무 뜸하면 무관심해짐으로 불꽃이 계속해서 잘 타도록 한 사람에게 열중하여 적당한 공기를 넣어주어야 하고 또 남자와 여자의 속성을 잘 알고 이해해야 한다.

여자는 꿈처럼 아름다운 낭만을 소망하며 남자는 육체적인 만족을 소망한다. 여자는 따분한 일상에서 훌쩍 떠나 아득한 먼 곳으로 두둥실 떠나고 싶으며 남자는 여자를 완전 정복하려는 욕망으로 가득 차서 남자의 강한 육체를 과시하려고 덤벼든다. 서로 이를 이해하고 받아주지 못하면 남자는 여자를 어린 소녀와 같이 정신 나간 여자로 여기며 여자는 남자를 유치하기 짝이 없는 호색한, 색마로 오해하게 된다. 남자에게 있어서 육체적인 요구를 거절당하는 것은 무엇과도 견줄 수 없는 좌절감에 빠지게 된다. 이러한 남녀의 속성을 모두 만족시키려면 아내가 원하는 곳으로 훌쩍 떠나 서로의 소망을 충족시키는 방법도 생각할 수 있을 것이다.

(6) 우정과 자율을 조절한다

부부가 오래 살다보면 동화되어 서로 닮아 간다고 말하기도 하지만 상대방의 교정되지 않는 성격, 버릇에 대하여 체념하거나 기대를 아예 포기하기도 한다. 이 체념과 포기는 서로의 갈등을 회피하고 평화를 유지하기 위한 방법으로서 열정은 희생되고 단지 우정만 유지하게 되는 것이다. 우정은 상대방에게 아무것도 바라지 않고 자유로워지면서 의존관계를 벗어나게 한다.

자유인이 된다는 것은 자신을 조절할 수 있게 되어 다시 진정한 사랑과 열정으로 가는 길을 찾게 되는 것이다.

그런데 여기서 주의할 것은 상대방에 대한 체념과 포기가 자신에게 결정적인 손상을 주었다고 생각하고 자유인이 된 후 그 사랑과 열정이 잠시 유보되어 있다가 다른 상대로 방향을 바꾸는 불상사가 생기지 않도록 경계해야 하며 우정이 곧바로 사랑과 열정으로 연결되게 해야 한다.

(7) 동지애를 갖고 더 큰 목표를 설정한다

부부가 세월을 보내면서 사랑 표현도 변해 간다는 것을 알고 이에 적응해야 한다. 음악도 변하고 춤도 변하고 대화법도 변하는 것을 바라보면서 아득한 옛적 방식에 사로잡혀 있어서는 열정도 변화할 수 없는 것이다. 사랑은 다가가기도 하고 물러설 줄도 알아야 한다. 춤은 사랑을 표현하는 동작으로서 남자가 두 발짝 다가가면 여자는 두 발짝 물러선다. 남자 품에 안기기도 하고 멀리 원을 그리며 달아나기도 한다. 감정에 따라 조용한 부루스, 환희의 왈츠, 격정적인 탱고 등으로 사랑의 동작을 바꾸기도 한다. 조심할 것은 상대방의 발등을 밟아 춤이 중단되지 않도록 하는 것이다.

춤을 함께 춘다는 것은 같은 뜻을 품고 같은 목표를 향해 가는 과정을 말하는 것이므로 동지애를 발휘하여 서로 보살피며 앞날을 위해 더 큰 목표를 설정하는 것이다.

동지애는 어떤 일을 하고자 했을 때 생기는 것이므로 각자의 결정에 의해 이루어지는 것이다. 즉 일방적인 명령과 같은 강요가 아니라 어디까지나 양쪽은 독립된 위치에서 자기 만족을 위하여 판단하고 결정하는 바탕에서 생기는 것이다. 부부의 대표적인 동지애는 섹스에서 발휘된다. 기쁨을 향해 자신을 떠나 상대방을 위한 세계로 들어갔다가 홀로 남는 자신만의 세계로 다시 돌아온다.

동지가 더 큰 목표를 향해 가기 위해서는 용서할 줄 알아야 한다. 동지가 큰 실수를 했을 때, 용서해주지 못하면 더 큰 일을 향해 전진할 수 없다. 용서는 상대방의 실수가 그대로 잊어지는 것이 아니라 그 실수가 고쳐지거나 다시는 되풀이되지 않기를 바라는 것이므로 또 다른 기쁨과 희망을 주고 자신의 고통을 덜어주며 모든 관계가 치료되고 회복될 수 있는 새로운 시발점이 되기도 하는 것이다.

2-7 부부의 비밀

　연인은 물론 부부 사이라도 지켜야 할 것은 지켜야 한다. 비록 사랑하는 사이라 해도 상대방의 허락 없이 이메일의 내용을 훔쳐봤다면 죄가 되는 것이다.

　어떤 남자친구가 여자 친구 몰래 이메일과 휴대전화 통화 내용을 훔쳐본 혐의로 기소되었는데 이 피고에 대하여 통신비밀보호법 위반 등을 적용하여 징역 8월에 집행유예 2년을 선고한 사건이 있었다. 재판부는 판결문에서 '애정관계에 있다 하더라도 본인의 승낙 없이 이메일을 훔쳐보는 것은 명백한 위법이며 부부 사이도 마찬가지'라고 지적했다. 그러므로 부부 사이라 해도 각자의 사생활의 영역, 즉 비밀을 침범하는 일이 없도록 서로 조심해야 한다.

　그 밖에 적용할 법적 근거는 없지만 남편이나 아내의 행동을 감시하고 증거를 캐내기 위해 상대방의 허락 없이 소지품이나 방안을 뒤지거나 훼손하는 일도 삼가야 한다.

　서로가 지나치게 사랑하는 나머지 다른 사람과의 관계를 끊게 하려고 저지르는 일이지만 그러한 행동이 상대방에게 인정을 받고 이해될 까닭이 없기 때문이다. 서로의 감정을 상하게 할 뿐 이득보다는 손실이 있을 뿐이다. 상대방에게 의심이 생기면 조용히 자신을 반성할 필요가 있다. 자신을 버리고 다른 상대에게로 마음이 쏠리고 있다면 자신에게 부족함과 문제가 있다고 보아야 할 것이다. 솔직하게 무릎을 맞대고 앉아 심정을 털어놓고 앞으로의 대책을 의논하는 것이 부부관계의 정상화에 도움이 될 것이다.

얼굴도 예쁘고 몸가짐도 단정하고 시부모를 잘 섬기며 자녀도 있는 참으로 괜찮은 아내, 남이 인정하는 아내를 버리고 못생기고 교양도 없는 여자에게로 간 남자 또는 그 반대로 여자가 뛰쳐나간 사례가 있다는 것을 깊이 생각해 볼 필요가 있다.

2-8　부부싸움

　　아내와 남편은 서로 다른 환경, 다른 교육을 받고 자랐으므로 생각과 행동이 일치하기란 거의 불가능한 일이다. 1장에서 말한 바와 같이 서로의 취향과 리듬이 어느 정도 일치하는 면이 있다손 치더라도 다시 정지整地하고 다져야 할 점은 많은 것이다. 그러므로 부부싸움의 원인이 사랑이 식었다거나 문제가 발생해서가 아니라 서로의 취향과 성향을 일치시키기 위한 수단과 방법으로 등장하는 것이다. 가장 바람직한 일은 대화로써 잘 매듭짓는 것이지만 사람이란 주의 주장이 있어서 그렇지 못한 것이다. 나라 사이에도 외교의 수단으로 문제를 평화적으로 해결하지 못하고 처절한 전쟁을 치러야 하는 일이 얼마나 많은가.

　　늙은 부모들을 보면 서로 닮은 데가 많다는 말을 하게 된다. 이것은 수많은 부부싸움을 통해 서로가 변하여 하나된 결과인 것이다. 이 싸움에서 명심해야 할 일은 상대방의 성城을 점령하려고 요충지에 비수를 들이대는 말은 결단코 삼가야 하는 것이다. 즉 상대방의 아픈 곳, 위로해야 할 상처를 건드려서는 안 된다는 것이다.

　　부부싸움의 주요 원인을 조사한바 다음 표와 같이 여기서도 성격 차이로 인한 문제가 가장 많은 비중을 차지하고 있다. 그 밖의 원인들은 서로 의논하고 협력하면 모두 해결이 잘 될 문제들이지만 성격 차이는 의논과 협력으로 이루어질 문제가 아니므로 사별하는 날까지 이를 일치시키기 위하여 끊임없이 다투며 살아가야 할 과제이다. 예를 들면 시간관념이 적은 아내는 평생 시간을 지키지 못하며, 정리 정돈에 관심이 적은 남편은 평생 이 버릇을 고치지 못하게 되는데, 이것을 고쳐보려고 다툼을 하고 힘을 쏟기보다는 보완적 관계로 돌려서 서로가 필요한 존재로 인식하고 부족한 상대방의 부분을 보충해 주는 것이 해결방법이 되는 것이다. 또 잠자는 시간도 남편은 초저녁에 잠이 들고 아내는 깊은 밤이 되어야 잠이 드는 집도 있는데, 이것을 평생 수정되지 않는 잠버릇이므로 아내는 밤늦게까지 도둑을 지키는 당번이고 남편은 새벽을 지키는 당번으로 역할 분담을 하면 되는 것이다. 대개의 부부는 성격이 반대되고 체격과 체질도 반대되는 경우가 많은데, 이것을 궁합이 맞는다고 긍정적으로 평가하는 사람도 많다.

부부싸움의 주요원인(%)

1) 성격 차이	35.2
2) 경제적 문제	18.2
3) 무관심	15.6
4) 시댁, 친정문제	13.1
5) 자녀문제	9.3
6) 기타	8.6
합 계	100

〈(주)듀오〉

화해방법은 두 성을 지키는 장수가 평화를 유지하기 위하여 어떻게 해야 할 것인지 심리전을 펴는 것이다. 여기서 첫 번째의 원인은 우월적 위치에 이는 사람이 자존심이 상해도 관용의 정신으로 먼저 화해의 손짓을 펴는 것이다. 다음은 상대방의 성격과 소망 등을 고려하여 적절한 방법을 선택하되 항상 남편은 아내의 보디가드이기 때문에 부부싸움에서도 겸허한 마음으로 한발 물러서는 미덕을 보여야 할 것이다. 그리고 정성을 다하는 남편에게는 모든 것에 순종하는 아내가 있다는 것을 잊지 말아야 할 것이다.

그리고 부부는 서로 폭발물과 같이 조심스럽게 다루어야 할 필요가 있다. 사람은 항상 폭발성을 지니고 있기 때문이다. 다이너마이트를 평화적으로 사용하면 금도 캐고 은도 캐지만 불필요한 건축물을 순식간에 헐어버리는 유익을 얻지만 전쟁용으로 사용하면 많은 인명을 살상하는 것과 같이 남편과 아내를 조심스럽게 다루면 서로 사랑받는 유익을 얻는다. 부부싸움의 예방적 대책을 생각해 본다.

(1) 부모의 잣대를 적용하지 말라

남편이 아내를 측정하는 기준은 어머니가 된다. 혼인하는 날까지 어머니의 음식, 어머니의 교훈을 받고 자랐기 때문이다. 그런가 하면 아내가 남편에게 바라는 기준은 친정아버지가 된다. 가까이 경험하고 관찰한 남성은 아버지뿐이기 때문이다. 부모는 서로 다른 토양에서 자란 나무라고 생각하고 이식된 나무가 잔뿌리를 내리는 동안 몸살을 해야 한다는 사실과 적용할 잣대가 부모가 아니라는 사실을 알고 새로운 경지를 탐험하고 개척한다는 설렘과 기쁨으로 대한다면 만사는 형통할 것이다.

(2) 자신이 먼저 변한다.

부부는 충돌이 생기면 상대방이 고치고 변하기를 바란다. 자신은 잘못이 없고 상대방의 탓으로 돌린다. 인류 최초의 부부싸움은 아담과 이브라고 할 수 있는데, 여기서도 아담은 금단의 열매를 따먹은 잘못을 이브에게 돌리고 있다. 물론 정도를 향해 잘못은 끊임없이 수정되어야 하겠지만 성년이 되도록 굳어진 생활 습관과 리듬이 하루아침에 바뀔 수는 없는 일이다. 시간을 지키지 못하는 습관은 지키도록 계속 노력해야 할 일이지만 식생활 습관이 다른 것은 서로 양보하면서 절충적으로 변해야 하고 정리정돈을 잘못하는 경우는 그 결함을 보충해 주는 역할 분담으로 바꾸어야 할 것이다.

새벽 일찍 일어나는 남편은 혼자 자는 아내를 깨울 것이 아니라 집 안팎을 깨끗이 청소 정돈하고 밤늦게 잠드는 아내는 늦게까지 남편을 자지 못하도록 괴롭힐 것이 아니라 자도록 내버려 두고 호젓한 자기만의 시간을 가지면서 현관문이 가스 밸브를 잘 잠그고 자면 될 것이다. 부부는 닮아야 한다고 억지로 함께 일어나고 함께 자야 할 이유가 없다.

(3) 반쪽임을 인정한다.

'비익조'라는 새가 있는데 날개가 하나밖에 없다. 그래서 날지를 못한다. 그런데 두 마리가 한 몸을 이루면 날개가 두 개가 되는 바람에 날 수가 있다고 한다. '비복어'라는 물고기가 있는데 이 물고기는 눈이 하나밖에 없어 앞을 제대로 보지 못한다. 그런데 두 마리가 한 몸을 이루면 망망대해를 헤엄칠 수 있다고 한다. 부부간도 이와 같이 반쪽이라는 것을 인정하고 부족한 것을 보충해 주는 상대가 되어야 할 것이다.

어떤 싸움이건 싸움을 하면 상대방을 제압하거나 그럴 수 없다면 화친을 해야 할 것이다. 어떻게 서로가 자존심을 손상시키지 않고 화해하느냐 하는 것도 쉬운 일은 아니다. 그 방법을 모를 경우 철로길처럼 하나가 되지 못하고 평행선을 달리게 될 것이다. 늙은 어느 부부의 화해 이야기를 들어보자.

-어느 할아버지 할머니가 부부싸움을 했습니다. 싸움을 한 다음 할머니가 말을 안 했습니다. 때가 되면 밥상을 차려서는 할아버지 앞에 내려놓고 한쪽에 앉아 바느질을 합니다. 그러다가 할아버지가 식사를 마칠 때쯤이면 또 말없이 숭늉을 떠다 놓기만 합니다.

할아버지는 밥상을 사이에 두고 마주 앉아 도란도란 이야기를 나누던 할머니가 한마디도 아니 하니 가슴이 답답했습니다. 할머니의 말문을 열어야겠는데 자존심 때문에 먼저 말을 꺼낼 수는 없는 노릇입니다. 어떻게 해야 말을 하게 할까? 할아버지는 한참 동안 곰곰이 생각했습니다. 빨리 할머니의 침묵을 깨고 예전처럼 다정하게 지내고 싶을 뿐입니다.

잠시 뒤 할머니가 다 마른 빨래를 걷어 방안으로 가져와 빨래를 개어서 옷장 안에 차곡차곡 넣습니다.

말없이 할머니를 바라보던 할아버지는 옷장을 열고 무언가 열심히 찾기 시작했습니다. 여기저기 뒤지고 부산을 떱니다. 처음에 할머니는 못 본 척 했습니다. 그러자 할아버지는 점점 더 옷장 속에 있는 옷들을 하나 둘씩 꺼내 놓기 시작했습니다.

할머니가 가만히 바라보니 걱정입니다. 저렇게 해 놓으면 나중에 치우는 것은 할머니 몫이니까요. 부아가 난 할머니가 볼멘소리로 물었습니다. "무얼 찾으시우?"

그러자 할아버지가 빙그레 웃으며 대답했습니다. "에야 임자 목소리를 찾았구먼!"

지혜로운 화해가 필요할 때입니다. 자존심이 울고 있나요? 오우! 그런 거 던져 버리세요. 그대가 먼저 내미는 거, 미소를 보이는 거, 그것이 승리입니다. 〈경기도 자유게시판에서〉

◆ 포인트 : 성숙한 사랑

1) 상대방에게 주려고 한다.
2) 상대의 결점에도 불구하고 참을 줄 안다.

3) 짜증나는 일에도 부드럽고 적절하게 반응한다.

4) 자신을 투명하게 드러낸다.

◆ 성숙하지 못한 풋사랑

1) 받는 데만 관심이 있다.

2) 참지 못하고 자기중심적이다.

3) 분노를 터트린다.

4) 자신의 필요를 채우는 것이 최우선이기 때문에 방어적이다.

제3장 말과 표정과 복장 등

3-1 위치와 좌석의 예절

자신이 행사에 참석하거나 손님을 접대함에 있어서 자신의 위치와 좌정해야 할 장소를 판단하지 못하고 좌왕우왕하거나 상식밖의 위치에 서거나 자리에 앉게 되면 영원히 웃음꺼리로 사진 등에 남게 된다.

(1) 상석上席

행사장이나 의식에 있어서 상석은 주최자 측이 이미 정해놓은 것이므로 별문제가 없으나 정해지지 않은 장소에서의 상석의 기준은 다음과 같이 정하는 것이 좋다.

1) 출입구 쪽에서 멀리 떨어진 곳, 즉 방의 안쪽으로 한다. 출입구 가까이는 사람들이 드나들기 때문에 불편하기도 하며 음식물을 운반할 경우 엎지를 위험성도 있다.

2) 창문이나 액자가 걸려있는 벽을 등진 곳, 즉 손님의 배경을 아름답게 하여 예우한다. 이것은 동서고금의 공통적인 관례이다.

3) 창 밖의 경관이 좋을 경우에는 그 경관을 바라볼 수 있는 곳, 즉 손님의 눈을 즐겁게 해주는 곳이다.

(2) 방위方位

위치를 정함에 있어서 개인이나 부부가 어느 쪽에 자리 잡아야할 것인가가 중요하다. 동양의 경우는 오랜 전통이 있으므로 이를지켜야 함은 당연한 일이다.

상석이 정해지면 이를 향하여 동양에서는 상석을 북으로 정하고이를 향하여 좌측을 서西, 우측을 동東으로 이름하고 있다. 여기서는 편의상 '상북' '좌서' '우동'으로 하여 방위를 표시하기로 한다.

(3) 행사 또는 의식에 있어서의 위치

부부의 위치는 특별한 경우를 제외하고는 남편은 우동, 아내는좌서로 정하고 있다. 그 이유는 동은 해가 뜨는 쪽이므로 양으로하고 서쪽은 해가 지는 쪽이므로 음으로 정했다는 것이다.

1) 혼인예식: 신랑-우동, 신부-좌서

2) 회갑연: 남편-우동, 아내-좌서

3) 묘지: 남편-좌서, 아내-우동

4) 승용차: 자가운전 시는 배우자가 옆 좌석

              타인 운전 시는 남편-우동, 아내-좌서

5) 버스: 안전을 고려하여 앞부분과 창문 쪽이 상석이다.

3-2 전화예절

(1) 간단명료하게

전화는 가급적 간단명료하게 짧은 시간에 필요한 내용을 전달하는 것이 기본이다. 직장에서는 전화를 받으면서 직함과 이름을 대거나 상호를 대는 것이 정착되었지만 가정에서는 전화받는 태도나 통화하는 방법이 아직 자리를 잡지 못하고 있다.

대개 첫 대화는 전화를 거는 사람이나 받는 사람 모두가 '여보세요'만 되풀이하고 있는데 이는 불필요한 시간 낭비일 뿐이다. 여보세요 를 연발하는 습관은 옛날 일제시대에 전화의 감이 매우 나빠서 '모시 모시' 하면서 상대에게 잘 들리느냐고 하던 습관이 전래된 것 같다. 가정에서의 응답요령은 좀 더 연구할 필요가 있겠지만 무난한 두 가지만 들어본다.

'예, 봉천동입니다.' 하고 거주지 명을 댄다.

'예, 홍길동입니다.' 하고 이름을 밝힌다.

(2) 전화기척을 보낸다

"여보, 나 출장을 가야 하는데 그만 가방을 잊었구려."

"……"

"내가 집에 들렸다 가면 기차 시간이 맞지 않는데, 여보세요! 듣고 있어요?"

"네"

"그러면 사당역 1번 출구 밖에서 기다릴 테니 수고스럽지만 좀 갖다 주구려. 알았어요?"

"네"

아내는 남편의 말에 한마디 기척도 없이 무뚝뚝하게 듣고만 있는데, 별로 잘못이 없어 보이지만 남편은 매우 답답하고 불안하다.

전화상으로는 '예'라는 응답만으로는 상대가 잘 알아들었는지 어떤지 그 표정을 전혀 읽을 수 없으므로 듣는 쪽은 계속 잘 듣고 있다는 신호말 즉, 전화 기척을 보내주어야 한다. 전화 기척을 모범적으로 잘 보내주고 있는 사람은 라디오방송국에서 유명인사와 인터뷰하는 아나운서들이다.

(3) 필기도구를 준비한다

전화기 옆에는 반드시 메모용지와 펜을 준비해 두도록 하자. 외출할 때에는 반드시 수첩과 펜을 가지고 다녀야 한다. 상대방이 필기도구 준비를 부탁하는 경우와 필요를 느끼는 경우, 그제서야 필기도구를 찾아오느라고 긴 시간을 기다리게 한다면 상대방은 매우 불쾌해질 것이다. 혹시 수적으로 확인할 내용도 있으므로 계산기를 준비해 두는 것이 좋다.

(4) 말할 순서를 준비한다

전화를 걸 때는 무엇을 어떤 순서로 말할 것인가를 미리 생각하고 메모해 둘 필요가 있다. 특히 장거리 전화일 경우 전화요금도 만만치 않으므로 호출해 놓고 꼭 필요한 내용을 전하지 못한다면 큰 낭패인 것이다. 친분이 있는 상대방이 용건과 관계없는 말로 연결 지으면 이쪽의 용건을 말하지 못하고 끝내게 될 수도 있다. 그러므로 통화할 내용을 적어놓고 전달한 것은 하나하나 체크해 나가는 것도 좋은 방법이다.

◆ 포인트 : 전화 받을 때의 기본

1) 왼손으로 전화기를 들고 오른손에 필기구를 쥔다. 이것은 전화를 걸거나 받을 때의 기본이다. 바로 메모를 할 수 있도록 전화기 옆에 메모용지와 펜을 준비해 둔다.

2) 벨이 세 번 울리면 받는다. 7번 이상 울려야 수화기를 드는 굼벵이도 있지만 5번 이상 울리면 '늦게 받아 죄송합니다.'하

는 말을 하면 상대방의 기분을 호전시킬 수도 있을 것이다.

3) 상대의 이름과 용건을 바로 메모한다. 상대방을 기억하고 있을지라도 바로 메모해 두지 않으면 잊을 염려가 있으므로 항상 메모하는 습관을 붙이는 것이 좋다. 아내나 남편에게 전할 내용일 때는 잘 볼 수 있는 장소에 놓아둔다.

4) 버스나 전철 등 공공장소에서는 전화 벨소리를 진동으로 하고 가급적 전화 사용을 억제하며 불가피한 경우 음성을 작게 한다.

3-3 표정과 몸가짐

(1) 밝은 표정

사람은 항상 밝은 표정으로 상대방을 만나는 것이 서로 기쁘고 즐거운 일이다. 부부는 자나깨나 항상 만나는 상대임으로 특별히 신경을 쓸 필요가 없다고 생각하는 사람도 있겠지만 생활의 반 이상을 함께 하는 부부가 얼굴을 찌푸리고 산다면 그보다 더 고통스러운 일은 없을 것이다. 늘 밝은 표정으로 서로가 맞이한다면 참으로 보람찬 인생이 될 것이다.

'자기, 일어나!'

'여보, 이제 출근할 준비하세요.'

어느 쪽이 흐뭇한 아침인사인가? 어떤 가정은 남편이 출근할 때 온 식구가 한 줄로 서서 아내가 먼저 뽀뽀를 하고 다음은 큰딸, 작은딸, 막내아들 순서로 모두 뽀뽀를 한다는 것이다. 이 얼마나 멋진 풍경인가!

(2) 몸가짐

집은 휴식의 공간임으로 집안에서 부부의 몸가짐은 가장 편안한 상태가 되어야 함은 말할 나위가 없다. 그러나 휴식할 때도 품위와 어느 정도의 질서를 지켜야 한다. 한 예를 들면 집에 들어서는 현관에서 아무렇게나 신발을 벗어던지는 집안이 많다. 현관 바닥 가득히 신발이 널려있는 집을 보면 그다음은 불 보듯 뻔한 일이다. 자녀들이 이것을 배우게 됨으로 가정학교 선생으로서의 자격을 잃게 되는 것이다. 웃어른과 자녀들이 보는 앞에서 침실에서나 할 수 있는 야한 포옹을 하고 있거나 껴안고 있는 일은 삼가야 할 몸가짐이다. 다정다감한 어깨동무, 팔로 허리감기 정도는 가족 앞에서 무난할 것이다.

◆ 포인트: 인사의 기본

1) 밝고 명랑한 목소리로 자신이 먼저 말을 건넨다.
2) 웃는 얼굴로 상대의 얼굴을 보면서 말을 건넨다.
3) 인사를 받으면 반드시 응답한다.

3-4 격에 맞는 복장

복장은 한눈으로 그 사람의 인품과 그의 모든 것을 나타낸 종합적인 예술품이라 할 수 있다. 예로부터 옷이 날개라는 말이 있으며 현대인은 복장에 대하여 민감하게 유행을 따르고 있다.

하지만 때와 장소를 가리지 못하고 격에 맞지 않는 복장을 하면 웃음거리가 되고 만다. 공장근로자는 작업복을 입어야 하고 군인은 군복을 입어야 하며 등산할 때는 등산복을 입어야 제격이다.

(1) 정장

부부가 혼인식, 장례식, 예배, 음악회, 공식 모임 등에 참석하기 위해 외출할 때는 정장을 해야 한다. 혼인식이나 예배에 참석하면서 간편하게 점퍼를 입거나 슬리퍼를 신고 오는 사람이 있는데 이는 삼가야 할 일이다.

남자의 정장은 신사복에 와이셔츠와 넥타이를 착용하는 것을 말한다. 즐거운 모임에는 밝은 색상을 택하고 장례식이나 예배 등에는 검은 계통을 입어야 한다.

여자의 정장은 블라우스에 상의와 치마를 입는 것이 원칙인데 무도회나 식사만 하는 모임에는 드레스를 입는다.

(2) 평복

정장을 해야 하는 모임 외의 모임에 참석하기 위해 외출할 때는 평복을 입는데 가급적 티셔츠를 받쳐 입도록 한다. 티셔츠만 입는 경우는 공원이나 영화 관람 등을 위하여 가볍게 외출할 때이다.

(3) 실내복

집에 돌아와서는 실내복으로 갈아입는 것이 좋다. 외출복을 입고 집안에서 불편하게 지낼 필요는 없다. 실내복의 옷감은 땀을 잘 받는 면직류로 한다.

◆ 포인트: 복장과 몸가짐의 점검사항

1) 밝고 건강한 화장을 하였는가?
2) 머리는 깨끗하게 잘 정돈하였는가?
3) 수염은 깨끗하게 깎았는가?
4) 입에서 냄새는 나지 않는가?
5) 손톱이 길거나 더럽지 않은가?
6) 어깨에 비듬이나 머리카락이 떨어지지 않았는가?

7) 넥타이는 얼룩지거나 더럽지는 않은가?

8) 양복과 넥타이의 색은 적절한가?

9) 단추가 떨어진 곳은 없는가?

10) 손수건은 깨끗한가?

11) 와이셔츠와 블라우스는 더럽지 않은가?

12) 스타킹의 올이 풀어지지 않았는가?

13) 구두를 잘 닦았는가?

14) 신발을 끌거나 소리 내어 걷지 않는가?

3-5 예복의 구성과 색조

(1) 예복(morning coat)

. 저고리: 검정 또는 옥스퍼드 회색(장례식에는 흑색 모닝)

. 바지: 검정, 회색 또는 흰색 줄(stripe)이 처진 나사복

. 조끼: 검정 또는 회색, 다만 여름에는 흰색으로 하고 장례식에
는 검정으로 한다.

. 와이셔츠: 흰색(칼라가 분리식으로 된 것도 무방하다)

. 칼라 및 칼라단추: 빳빳한 칼라, 분리식으로 된 칼라의 단추는
전후부의 단추로 구성한다.

. 커프스단추: 씽글 또는 떠블, 커프스단추(cuffsbuttons)는 흰
색, 금색 또는 백 진주색으로 한다.

. 넥타이: 검정 또는 회색, 조끼바지가 모두 회색일 때는 밝은
회색 바탕에 줄무늬가 있는 것을 사용한다.

. 양말: 무늬 없는 검정 명주

. 장갑: 무늬 없는 흰색 또는 회색의 견직물 또는 가죽이 기본이
며 저고리가 검정일 때는 흰색, 저고리가 검정 이외일 때는 저

고리에 맞는 색으로 한다.
. 손수건: 무늬 없는 단순한 흰색
. 머플러: 무늬 없는 단순한 흰색
. 모자: 씰크햇 또는 회색 햄버그, 조끼와 바지가 회색일 때는 회색 예모를 쓰고, 조끼와 바지가 검정일 때는 검정 예모를 쓴다.
. 외투: 무늬 없는 검정 또는 감색의 체스터필드형(싱글로 뒷 깃에 검정 벨벳을 댄 것)
. 구도: 예화로서 장식 없는 검정 에나멜 단화, 장의식에서는 장식 없는 단순한 예화

(2) 약식 예복(director's suit)

. 저고리: 검정 또는 회색
. 바지: 검정에 회색 또는 흰줄이 쳐진 나사복
. 조끼: 검정 또는 회색
. 칼라: 빳빳한 떠블형 칼라
. 넥타이: 밝은 색 또는 나비형
. 양말: 검정 견직물
. 장갑: 무늬 없는 흰색, 회색 또는 엷은 고동색 가죽도 무방하다.
. 손수건: 흰색
. 머플러: 흰색
. 모자: 검정 또는 짙은 회색의 햄버그

. 외투: 검정 또는 회색의 체스터필드형

. 구두: 예화로서 장식 없는 검정 에나멜 단화

(3) 야회복(formal evening dress) 또는 연미복(swallowtail coat)

. 저고리: 검정 나사지

. 바지: 저고리와 같은 나사지, 바지에 짙은 검정색 줄을 붙인다.

. 조끼: 흰색 무지(싱글 또는 더블), 다만 주간 의식에는 검정 조끼를 착용함

. 멜빵: 흰색, 검정 또는 회색

. 와이셔츠: 흰색 무지(가슴 부분이 빳빳한 것)

. 칼라: 싱글의 빳빳한 것(wing collar), 끝이 위로 올라간 것

. 커프스 단추: 흰색 또는 백진주색

. 가슴단추: 커프스 단추와 같은 종류로서 흰색 또는 백진주색

. 넥타이: 흰색 나비형

. 양말: 검정 견직물

. 장갑: 무늬 없는 백색 나일론, 면직물 또는 흰 가죽

. 손수건: 흰색

. 머플러: 흰색

. 모자: 착용치 않으나 착용하는 경우에는 예모로서 씰크햇을 쓴다.

. 외투: 검정

. 구두: 예화로서 장식 없는 단화

. 기타: 초청장에 white tie decoration이라고 쓰여 있을 때는
훈장을 단다.

(4) 약식 야회복(tuxedo, black-tie, smoking, dinner dress)

. 저고리: 검정 싱글 또는 더블, 다만 여름에는 저고리를
흰색으로 할 수 있다.

. 바지: 저고리와 같은 복지, 짙은 검정색 줄을 붙인다.

. 조끼: 검정

. 허리띠 또는 멜빵: 바지와 같은 검정 나사지, 다만 더블
저고리에는 착용치 않는다.

. 와이셔츠: 흰색 무지, 가슴 부분이 주름잡힌 것 또는 가
슴 부분과 소매 끝이 빳빳한 것

. 칼라 및 칼라 단추: 윙 칼라, 턴 다운(turn down),
부착 칼라(attached collar)

. 커프스단추: 백 진주색 또는 중앙에 진주류를 박은 백금색

. 와이셔츠 단추: 스탠드 단추로서 커프스 단추와 같은 쌍
으로 한다.

. 넥타이: 검정 나비형

. 양말: 검정 견직물

. 장갑: 회색 가죽 또는 흰색 견직물

. 손수건: 흰색

. 머플러: 흰색

. 모자: 검정 또는 짙은 감색의 중절모, 햄버그 또는 씰크
　　　햇을 쓴다.

. 외투: 검정

. 구두: 평상화로서 검정 에나멜 단화, 여름에는 흰색으로
　　　하는 관례도 있다.

제4장 식생활과 매너

4-1 사육하지 말자

　하루 가운데 가장 소중한 시간은 밥을 먹는 시간이다. 소중한 생명(음식물)으로 나의 생명을 보존하는 엄숙한 시간이기도 하다. 그러므로 우리의 조상들은 밥 먹는 예절에 관하여 많은 것을 가르쳐왔다. 밥을 먹는 동안에는 떠들거나 장난치지 말게 했으며, 먹던 음식을 흘리거나 함부로 버리면 안되고 수저 소리도 크게 내지 않으며 어린아이들이 밖에서 아무리 잘못한 일이 있어도 밥을 먹는 시간에는 절대로 꾸짖지 않아야 한다. 아침 밥상은 기운을 쓸 수 있도록 잘 차려 먹게 하고 저녁 시간은 몸을 재워야 함으로 죽 따위로 최소한의 밥상을 차려 먹도록 하였다. 그러나 현대인은 오랜 전통과 자연법칙을 저버리고 그 반대되는 식생활을 하고 있는 것이 요즘의 세태이다.

　부부간의 식생활도 짚고 넘어가야 할 대목이다. 남편은 혼인 전까지 어머니의 기호와 취향에 따라 선택권도 없이 사육당하다가 혼인 후에는 새로운 아내의 기호와 취향에 따라 사육된다. 아내가 생선 만지기를 싫어하면 그동안 어머니의 식성에 따라 길들여진 생선찌개의 맛을 보지 못하게 된다.

그러므로 아내는 남편이 좋아하는 음식을 알아야 하며, 조리를 해야 하는 반찬은 1주일에 한두 번 정도 밥상에 올리도록 하고 밑반찬이 될만한 것은 항상 준비해 두도록 한다. 반찬은 아내가 좋아하는 것과 남편이 좋아하는 것을 구분하여 차리면 남편의 반찬에 관심을 가질 수 있다. 반찬의 종류도 같은 종류를 늘어놓을 것이 아니라 시절 따라 보충해야 할 영양소를 고려하여 정성 들여 준비해 두어야 한다. 남편이 일찍 출근하고 늦게 귀가하여 주말 외에는 함께 식사를 할 수 없는 경우도 있고 부부가 맞벌이하면서 모두 일찍 나가고 늦게 귀가하면서 즐거운 식사를 주말에만 하는 부부도 있는데 이럴수록 식단을 잘 짜서 즐거운 주말을 보내도록 준비하는 지혜가 있어야 한다.

요즘 아침식사를 거르는 사람이 늘었는데, 식사를 거르면 집중력이 떨어진다는 연구 결과가 나왔다. 영국 스코트랜드 에든버러대학교의 연구보고서에서 식사를 제때에 하지 않아 혈액 내의 포도당이 떨어지는 저혈당 상태가 되면 주의력 지속시간이 짧아지고 정보처리 속도가 느려진다는 실험결과를 발견했다. 이 결과는 배고픔을 참고 일을 하는 건강한 사람과 혈당이 떨어진 당뇨병 환자 모두에게 실시했는데 같은 결과였다고 한다. 그러므로 바쁜 가운데서도 3시 규칙적인 식사를 하도록 일러주신 슬기로운 우리 조상들의 가르침에 절대 순종해야 할 것이다.

4-2 양식의 매너

(1) 예약과 주문

예약을 하지 않고 식당에 도착하면 동행한 손님을 오래 기다리게 하는 결례를 범하기 쉽다. 인원이 많은 경우에는 예약을 늦어도 3일 전에 해 두어야 식당에서 준비하는 시간을 갖는다. 예약을 해 놓고 그 시간을 맞추기 어려운 사정이 생겼을 때는 미리 전화로 사유를 알려 취소해 버리거나 식당에 지장을 주는 일이 없도록 한다. 외국에서는 예약된 손님이 아닐 경우 식당밖에서 대기하고 있다가 웨이터가 안내하면 들어가는 곳도 많으므로 큰소리치면서 기다리는 손님을 제치고 들어가는 일이 없도록 조심해야 한다.

예약을 할 때 식단을 미리 정하였을 경우에는 특별히 주문할 절차가 필요 없으나 식단을 정하지 않았을 경우에는 가급적 요리의 수를 맞추는 것이 좋다. 한 사람은 열 가지나 되는 정식요리를 시키고 다른 사람은 두세 가지 요리를 시키면 요리가 나오는 시간과 식사하는 시간이 맞지 않아 식사 분위기가 어색해진다. 음식을 주문할 때는 그 모임의 주빈이 하게 되는데 식단 중 생소한 음식에 대하여는 종업원에게 재료와 분량 등을 물어봐도 흠이 되지 않는다.

(2) 식사의 종류

1) 정식(full course)

이것은 일품요리와는 다르게 여러 가지 요리가 순서대로 나오는 것으로서 7종 또는 10종으로 구성되어 있다.

오르 되브르(hors-doeuvre, 前菜): 오도블이라고도 하며 식욕을 증진하기 위하여 나오는 요리로서 카나페, 생굴, 피클, 캐비아 등 손으로 집어먹도록 나온다.

수프(soup): 여러 종류가 있는데 기호에 따라 선택하면 되고 묽은 수프를 콩소메(consomme), 진한 수프를 포타즈(potage)라 하며 야채, 크림수프가 있다.

생선요리(fish): 생선을 찌거나 버터로 구운 것으로 조개류도 나온다.

육류요리(entree): 코스 메뉴 중 중심요리가 되는 쇠고기, 닭고기, 오리고기, 양고기를 구운 것이다. 구운 정도에 따라 날것(rare), 중간 익힌 것(medium), 완전히 익힌 것(welldone)으로 구분하여 나온다.

소르베(sorbet): 다음에 나올 요리의 입가심으로 먹는 것으로서 술이 들어간 빙과자로 보통 셔벗을 대용한다.

로스트(roast): 디너의 클라이맥스로서 치킨이나 오리고기를 구운 것이 나온다. 이 코스는 육류요리와 중복되어 생략되는 경우가 많다.

샐러드(salad): 채소류에 소금을 가미한 것으로서 일반적으로 스테이크, 로스트 요리에 따라 나온다.

디저트(dessert): 과자나 아이스크림 등 후식을 말한다.

과일(fruit): 후식에 속하며 멜론, 딸기, 바나나, 파인애플 등 과일류이다.

커피(coffee): 보통 컵의 반정도 되는 작은 컵으로 내온다.

2) 일품 요리(A la carte)

손님의 기호에 따라 풀코스 요리 중에서 몇 가지 선택하여 먹는 음식이다.

3) 특별 요리(special menu)

고기 요리를 중심으로 만든 요리로서 고급 레스토랑이나 호텔에서 '오늘의 특별 요리'라 이름하고 다소 가격을 저렴하게 제공한다.

(3) 식탁 기물의 사용법

1) 냅킨(napkin)

냅킨은 반으로 접어서 접혀진 쪽을 안으로 하여 무릎 위에 올려 놓는다. 냅킨을 펴는 시점은 주빈이 있을 경우 주빈이 먼저 손을 대면 따라서 펴고 식사 전에 기도를 올리거나 건배를 할 경우에는 이 절차가 끝난 후 펴는 것이 예의이며 그다지 어려운 자리가 아니면 음식을 주문하고 나서 음식이 테이블에 놓일 때 펴면 된다.

냅킨을 사용할 때는 접은 안쪽을 사용하며 등을 구부리지 않고 냅킨을 올려 닦는다. 냅킨은 입 주위와 손가락을 닦을 때만 사용하고 그 밖에 테이블이나 글라스의 립스틱 자국을 닦을 때는 사용하지 않는다. 얼굴에 묻은 즙이나 땀은 자신의 손수건으로 닦으며 글라스의 자국은 휴지로 닦는다.

식사 중 잠시 자리를 뜰 때에는 냅킨을 네 번 접어서 밑에 깔아 두거나 한 번 접은 채로 의자 등받이에 걸어 둔다. 사용하던 냅킨을 앉았던 의자에 놓아두지 않으며 식사가 끝난 후에는 네 번 접어서 테이블 왼쪽에 올려놓는다. 왼쪽에 올려놓는 것은 식사 종료의 사인이므로 잠시 뜰 때 테이블에 놓지 않도록 주의한다.

2) 핑거 볼(finger bowl)

손가락을 씻을 수 있도록 예쁜 글라스나 볼에 물이 담겨 있는데 이것은 손으로 음식을 먹거나 후식(에피타이저)으로 나오는 과일과 빵을 먹기 위해 씻는 물이다. 씻을 때는 사용하는 손가락 끝만 씻고 냅킨으로 닦는다.

이 세숫물에는 레몬 조각이나 꽃잎을 넣기도 하는데 마시는 실수를 하지 않도록 주의하고 씻을 때 두 손을 넣고 씻지 않도록 한다.

핑거볼은 대개 접시 위에 볼 받침을 받쳐서 나오는데 옮겨놓을 때는 받침과 함께 옮기며 접시는 과일을 담는 그릇으로 사용한다.

3) 글라스(glass)

물컵은 보통 밑부분을 잡으며 와인, 샴페인, 칵테일 글라스는 사람의 체온이 전달되지 않도록 다리 부분을 잡는다. 손잡이가 있는 잔은 손잡이를 잡는다. 브랜디 등 향이 있는 술을 담은 큰 글라스는 밑부분을 두 손으로 감싼 채 흔들어 향을 낸 다음 손가락 사이에 다리를 끼우고 몸체를 손바닥으로 받쳐서 잡는다.

4) 포크. 나이프(fork & knife)

포크와 나이프는 음식이 나오는 순서대로 놓이는데 밖에서 안으로 하나씩 사용한다. 오른손으로는 나이프, 왼손으로는 포크를 사용하는 것이 일반적이며 포크는 구부러진 부분을 위로 향하게 하여 잡고 사용하며 왼손으로 사용하기 불편할 때는 오른손으로 옮겨 사용해도 무방하다.

포크와 나이프는 크기에 따라 용도가 다른데 대형은 육류용, 중간치는 샐러드나 에피타이저용이다. 스푼의 대형은 수프용, 중형은 아이스크림이나 푸딩용이고 소형은 커피용이다. 나이프로 음식을 떠먹지 않도록 주의한다.

식사 중일 때는 포크와 나이프는 접시 위에 八자형으로 놓으며 포크는 엎어서 나이프는 칼날이 안쪽으로 향하게 놓는다. 식사가 끝났을 때는 포크는 끝을 위쪽을 향하게 하여 접시 아래쪽, 나이프는 위로하여 나란히 놓는다.

세팅한 그릇은 옮겨 놓지 않으며 일반적으로 먹기 편하도록 놓여진 것이므로 옮겨 놓으면 종업원이 서비스하기도 불편하다.

4-3 양식 먹는 법

동양의 식사방법은 말 없이 소리 내지 않고 조용히 먹으며 그릇에 담은 음식을 조금 남겨 놓는 것이 예의로 되어 있으나 서양식은 오랜 시간 대화를 나누면서 요리의 맛을 음미하면서 나온 음식을 다 먹는 것이 예의로 되어 있다. 우리도 음식문화가 많이 서구화 되었지만 관습의 차이로 많이 다르다. 여기서는 대중적인 몇 가지만 소개한다.

(1) 빵(bread)

아침에 먹는 토스트만 입으로 베어먹고 그 밖의 것은 손으로 떼어먹는다. 먹기 좋은 분량만큼을 손으로 떼어서 버터나이프로 버터를 바른 후 먹는다. 아침식사 이외에는 잼을 사용하지 않기 때문에 먹는 도중 잼을 요구하는 일 없도록 주의한다. 빵을 커피 등에 담가 먹는 사람도 있는데 이것은 덩킹dunking이라 하여 서양인이 가장 싫어한다. 빵의 역할은 다음 음식의 맛을 좋게 하기 위하여 입안을 청소하는 것이므로 다음 코스를 기다리며 떼어먹으면 식사의 공백도 메워진다.

(2) 밥(rice)

빵 대신 밥이 나올 경우 나이프로 포크 안에 올려 먹는 것이 일반적이지만 포크 등뒤에 올려 먹어도 무방하다. 주의할 것은 음식이 떨어질까 봐 입이 그릇 쪽으로 따라가지 않도록 잘 떠서 먹어야 한다.

(3) 생선(fish)

생선요리에는 보통 레몬이 따라 나오는데 자른 모양이 원형으로 납작하게 자른 것과 4등분한 반달 모양으로 자른 것이 있다. 생선 위에 올려놓은 원형 레몬은 포크로 한쪽을 눌러 고정시킨 후 나이프를 눕혀서 가볍게 눌러 레몬즙을 낸다. 너무 강하게 눌러 생선이 부서지지 않도록 조심한다.

반달형은 한 손으로 레몬을 쥐고 다른 손으로 레몬즙이 튀지 않도록 막으면서 짜면 된다. 즙을 짠 레몬은 접시 위쪽에 모아둔다.

입 안에 있는 생선가시는 그대로 접시에 뱉거나 손가락으로 집어내지 말고 포크에 받아서 낸다. 혀로 가시를 밀어낼 수 없을 경우에는 냅킨으로 입을 가리고 손가락으로 끄집어낸다. 가시는 접시 상단에 모아둔다. 통째로 나온 생선은 위 부분을 다 먹은 후 뒤집지 않고 생선뼈를 발라내고 아랫부분을 먹는다.

(4) 육류(entree)

앙트레는 생선요리 다음에 제공되는 식사의 중심 요리이다. 대표적인 앙트레의 종류는 스테이크인데 이것도 부위에 따라 여러 가지 이름이 있으며 보통 안심 스테이크(tenderloin), 등심 스테이크(sirloin), 티본 스테이크(t-bon)로 대별한다.

그 밖에 송아지고기 돼지고기도 있는데 고기를 가져오면 포크로 좌측을 누르고 세로 방향으로 자르고 좌측부터 먹어간다. 고기를 적당한 크기로 모두 잘라 놓고 포크를 오른손으로 옮겨 쥐고 먹는 방법은 고기가 식어버리기 때문에 바람직하지 않다. 앙트레에 나와 있는 소스와 곁들인 야채류는 남기지 않고 다 먹도록 한다. 테이블에 비치된 소스로는 새콤한 A-1 소스, 신맛에 매운맛이 나는 핫소스, 아주 매운 티바스코 소스 등이 있으므로 기호와 음식에 따라 가미한다.

(5) 스파게티(spaghetti)

우리나라와 미국에서는 스파게티가 일품요리로 나오지만 이태리에서는 전채(前菜)요리로 분류하여 이것을 먹은 후 스테이크를 먹기도 한다. 스파게티를 먹을 때는 포크로 둘둘 감아서 먹으며 빵을 곁들일 때는 빵에 감아서 빵과 같이 먹기도 한다. 국수 먹듯이 후룩후룩 소리를 내지 않도록 조심한다.

(6) 피자(pizza)

피자는 포크와 나이프로 먹기 좋게 부채꼴 모양으로 자른 후 바싹 구워져 단단해진 가장자리를 손으로 쥐고 먹는다. 점잖은 자리에서는 적당한 크기로 잘라 포크로 찍어 먹는 것이 좋다.

(7) 뷔페 정식(buffet)

뷔페정식도 풀코스에서 나오는 모든 음식이 순서대로 준비되어 있다. 뷔페식은 종업원이 운반해주지 않는 불편 대신에 본인이 직접 요리를 선택하고 분량을 정하는 편리함이 있다. 문제는 코스별로 여러 번 일어나야 하는 번거로움을 줄여서 3단계로 나누어 셀프 서브 하는 것이 바람직하다. 1단계는 오르 되브르(前菜), 수프 등이며 2단계는 생선, 육류 등 중심요리, 3단계는 디저트로 한다. 그런데 식당마다 여기에 덧붙여 중화요리, 일본요리, 한국요리 등이 특별코너에 마련되어 있으므로 일반적인 순서를 벗어나 음식을 즐겨도 상관없다.

여기서 지켜야 할 것은 뷔페 메인 테이블을 돌 때에 모두 시계 방향으로 돌아야 한다는 것이다. 교통의 흐름을 방해하면 사고가 나기 쉽다.

(8) 손으로 먹는 음식

양식은 포크와 나이프로 먹는 것이 원칙이지만 손으로 먹는 것이 합리적인 것은 손으로 먹는다. 정식 자리에서는 손으로 먹는 음식을 내지 않지만 오르 되브르의 카나페만은 손으로 먹는다. 손으로 먹는 음식은 빵, 샌드위치, 통째로 나오는 옥수수, 육류요리에 나오는 파슬리나 아스파라가스, 로스트 치킨과 후식으로 나오는 포도와 귤 같은 것이다.

◆ 포인트: 식사 중의 금기 12조

1) 테이블에 놓인 식기는 옮겨 놓지 않는다.
2) 와인을 따를 때는 글라스를 잡지 않는다.
3) 요리 맛을 보지 않고 조미료를 치지 않는다.
4) 입에 들어간 음식은 내보이지 않는다.
5) 포크 또는 나이프를 든 채 말하지 않는다.
6) 나이프로 음식을 먹지 않는다.
7) 남 앞에까지 손을 뻗어 집어오지 않는다.
8) 웨이터를 큰소리로 부르지 않는다.
9) 식사 중 가급적 자리를 뜨지 않는다.
10) 트림을 하지 않는다.
11) 담배는 커피가 나올 때까지 피우지 않는다.
12) 테이블에서 화장을 고치지 않는다.

4-4 파티의 매너

(1) 파티의 종류

파티는 공식적인 직장의 관계 인사나 또는 친지들에게 대하여 축하, 위로, 환영 또는 석별의 정을 나누기 위해 그 대상자들에게 음식과 주악이나 춤과 노래를 베푸는 잔치를 말한다. 파티에는 초청되는 인원과 목적에 따라 여러 종류로 나누어지는데 우리나라에서 주로 열리고 있는 몇 가지를 소개하면 다음과 같다.

1) 리셉션(reception)

초청자 또는 주빈이 내빈을 접견하고 담소를 나누는 파티로서 초청 손님을 500명 내외로 할 필요가 있을 때 개최한다. 우리나라에서는 100~200명이 모여 하는 경우도 있으므로 참석 인원은 장소와 사정에 따라 변동될 수 있다.

2) 칵테일 파티(cocktail party)

많은 사람이 모여서 낮이나 밤에 칵테일을 드는 파티로서 리셉션을 하는 경우와 비슷하다.

3) 만찬(dinner)

30명 내외의 사람들이 저녁에 모여 음식을 나누는 파티로서 이를 격식을 갖춘 것과 갖추지 아니한 것으로 구별하는데, 격식을 갖춘 파티에는 야회복 또는 약식 야회복을 입으며 격식을 차리지 아니한 파티에는 평상복을 입는 것이 각국의 공통된 관례로 되어 있다.

4) 오찬(luncheon)

30명 내외의 사람들이 점심때 모여 음식을 나누는 파티를 말하며 우리나라에서는 50~200명까지도 초청하는 경우가 있다.

5) 조찬(breakfast)

30명 내외의 사람들이 아침에 모여 음식을 나누는 파티를 말하며 기도회를 겸하거나 대개 가벼운 식사를 나눈다.

6) 다과회

30명 내외의 사람들이 모여 음료와 과자를 나누며 담소하는 파티로서 필요에 따라 인원을 증감할 수 있다.

7) 가든파티(garden party)

봄이나 가을에 정원이나 야외에 모여 음료와 다과를 나누며 담소하는 파티이다. 우리말로 원유회園遊會라고 하나 잘 통용되지 않고 있다.

(2) 참석자의 매너

1) 참석여부 통보

초청장을 받은 사람은 초청장에 R. S. V. P.가 기재되어 있으면 참석여부를 서신 또는 전화로 알려주어야 하며 부부동반 여부도 알려주어야 한다. 이것은 초청자가 식탁준비를 할 수 있도록 돕는 일이다.

2) 복장

복장의 종류는 초청자가 초청장에 명시한 대로 따라야 하지만 특별히 지정하지 않은 경우에는 부부 모두가 평상복을 하는 것이 통례이다. 특히 친지들과의 모임에서 서로 허물이 없다고 복장을 아무렇게나 하고 나오는 사람이 있는데 이것은 삼가야 할 일이다. 여자의 경우는 슬리퍼를 끌고 나오지 않도록 한다.

3) 식사와 테이블 매너

양식을 먹는 방법이나 식탁의 기물 사용법은 물론 양주잔을 잡는 방식 등에 대하여도 예의에 어긋나지 않도록 기본을 익혀두어야 한다.

4-5 다이어트 식품

오래 전에 과학자들은 과학의 발달로 인한 활동 부족으로 사람의 모습은 머리만 크고 다른 신체는 매우 빈약해질 것으로 예측했다. 그러나 그 예측과는 달리 사람들은 오히려 컴퓨터 등의 등장으로 인한 활동 부족으로 비만에 빠지게 되었다. 비만은 각종 성인병을 일으키며 인간의 생존까지도 위협하는 중대한 과제로 우리 앞에 다가섰다. 그러므로 아름다운 몸매 관리의 차원이 아니라 생존을 위한 투쟁의 차원에서 대처해 나가야 한다. 체중 관리를 위한 인제의대 강재헌 교수의 권고사항을 소개한다.

(1) 균형 잡힌 식사

균형 잡힌 식사를 하되 섭취 열량을 줄인다. 우선 며칠간의 식사 내용을 적어본 후, 밥, 어육류, 채소, 우유 등의 식단 균형이 맞는지 확인한다. 만일 편중된 식사를 하고 있다면 부족한 식품은 보완하고 과잉 섭취하는 식품은 줄여 먹도록 한다. 또한 식사 중 열량이 지나치게 높은 음식을 자주 먹는 경향이 있다면, 이를 영양상으로 대등한 저열량 식품으로 바꾸어 먹도록 한다. 예를 들어 삼겹살이나 갈비 대신 생선구이를 먹는 것이다.

(2) 규칙적인 운동

평생 즐길 수 있는 운동 한 가지를 배우는 것이다. 주 3회 이상 규칙적인 운동을 하면, 신체의 평소 에너지 소비가 늘어나게 되므로 같은 열량을 섭취하고도 비만을 예방할 수 있게 된다. 운동을 제한해야 하는 건강상의 문제가 없다면, 자신이 좋아하고 쉽게 할 수 있는 운동을 정하는 것이 좋다. 운동시간은 하루 한 시간 정도로 하고 가급적 매일하는 원칙을 세워야 체중관리의 효과를 거둘 수 있다.

(3) 신체 활동량의 증대

일상의 생활 중 신체 활동량을 늘린다. 출퇴근 또는 통학 시, 업무시간 중 또는 여가시간에 신체 활동량을 늘릴 수 있는지 점검해본다. 출퇴근할 때 자가용 대신에 대중교통을 이용하고 업무시간 중 걷는 시간을 늘리며, 여가시간에 신체 활동량이 많은 취미생활을 한다.

(4) 비만 원인이 되는 습관의 교정

비만의 원인이 되는 버릇을 찾아 고쳐야 한다. 아침을 거르고 밤에 폭식을 하는 경향이 있는 사람은 하루 세 끼를 챙겨 먹고 야식을 삼가도록 한다. 과자, 음료수 등 간식을 자주 먹는 사람은 간식을 줄이고 대신 과일과 물로 바꾼다.

하루 섭취 열량을 10%만 줄이고 하루 1시간의 운동을 하게 되어도 한 달에 1~2kg의 체중 감량이 가능하다는 것이다. 이 기회에 우리가 늘 먹는 몇 가지 식품도 살펴보기로 한다.

1) 쌀밥

언제부터인가 쌀밥을 많이 먹으면 체중이 는다고 다이어트를 하는 사람들은 밥을 몇 숟가락씩 덜 먹어야 하는 것으로 알고 있다. 하지만 체중이 느는 것은 기름진 반찬 때문이지 곡물은 크게 영향을 주지 않는다. 곡물은 복부지방으로 전환되는데 많은 시간이 걸리며, 오히려 곡물을 적게 먹고 허기를 느낄 때 먹는 군것질이 살을 더 찌게 만든다.

우리의 주식인 쌀은 충분한 영양소를 가지고 있는 완벽한 식품이다. 특히 건강과 다이어트를 생각하는 사람은 현미밥 먹기를 적극 권장한다. 현미에는 백미에 비해 비타민E는 4배나 많고, 칼슘은 8배, 그 밖에도 비타민B와 인, 철분 등이 많이 들어있다.

현미는 주성분이 탄수화물이지만 단백질도 상당량 들어 있어 식사를 하고 나서는 혈당 상승이 서서히 되고 지방으로의 변환 속도도 늦어서 당뇨병 환자에게 권장된다. 최근에는 현미 속의 '옥타코사놀'이라는 성분이 주목받고 있다. 사람이 운동할 때 체내의 에너지원 중 가장 중요한 것이 간과 근육에 저장되어 있는 글리코겐인데, 이 글리코겐이 부족하면 피곤함을 느끼게 된다. 그런데 옥타코사놀 섭취 시 글리코겐의 축적량이 약 30% 증가되는 것으로 연구되었다. 옥타코사놀은 또 나쁜 콜레스톨(LDL)을 25% 감소시키고 좋은 콜레스톨(HDL)을 20% 상승시키는 작용을 한다. 또한 현미의 비타민E 중에는 '토코트리에놀'이라는 것이 있는데 일반 토코페롤보다 혈관에 대한 항산화작용이 40배 정도 강해서 항동맥경화 식품으로도 인정받고 있다. 현미로만 밥을 하게 되면 끈기가 없어서 입맛에 잘 맞지 않을 수도 있으므로 찹쌀과 콩을 섞어서 밥을 짓도록 권장하고 있다.

2) 찐 감자

감자와 쌀밥이 살찌지 않게 하면서 영양을 공급해 주는 음식이라는 것을 아는 사람이 드물다. 큰 찐 감자 하나는 150cal이지만 스테이크와 같이 나오는 크림으로 요리한 감자는 400cal이다. 쌀밥 한 공기가 300cal인 반면 감자튀김 1인분은 350cal이나 된다. 감자를 먹으면 살찐다는 것은 감자 때문이 아니라 감자를 튀기거나 요리할 때 섞이는 지방분과 기름 때문이다. 최근의 연구에 의하면 복합 탄수화물인 쌀, 보리, 콩, 과일, 채소 등은 콜레스톨을 낮춰주는 것으로 나타난다. 어느 정도 과식해도 극소량만 지방으로 바뀌기 때문에 식후에 적당히 운동하거나 움직이면 아랫배가 나오지 않는다.

감자는 다른 채소와는 달리 고온에 삶아도 비타민의 손실이 아주 적고 식이섬유가 풍부하여 변비에도 좋다. 칼륨이 많아 고혈압에도 도움이 되고 돌연변이도 예방해준다. 세계 장수촌에서 감자

소비량이 많은 것은 우연이 아니며 특히 살 빼기를 원하는 사람은 감자와 쌀밥먹기를 권장한다.

3) 귤

귤은 많이 먹어도 위에 부담을 주지 않고 체중에도 별 문제를 일으키지 않는다. 보통 귤이라고 하면 먼저 비타민C가 풍부한 과일이라고 연상한다. 귤 두 개면 하루에 필요한 비타민C 60mg을 거뜬히 충족할 수 있다. 담배 피우는 사람은 비타민C의 손실이 많은데 귤을 먹으면 비타민의 손실을 어느 정도 막을 수 있다.

귤에는 비타민P라는 물질이 있다. 이는 모세혈관을 보강해 주는 물질이어서 뇌출혈 위험이 높은 사람들에게 특히 도움이 된다. 또 귤에는 풍부한 칼륨이 있어 혈압 강하작용을 함으로 고혈압 환자에게 좋으며 섬유질이 많아서 변비에도 좋다. 하지만 설사가 잦은 사람은 삼가는 것이 좋다.

귤에 있는 크립토잔틴은 당근의 베타카로틴보다 황산화 작용이 5배나 더 강해서 강력한 항암작용을 한다. 귤의 신맛은 리모노이드라는 성분에서 나오는데 페놀성분과 함께 역시 항암작용을 가지고 있다. 귤을 많이 먹으면 손과 발바닥이 노래지는 경우가 있는데 이는 간질환과는 아무 관계가 없고 귤의 섭취를 줄이면 저절로 없어진다. 귤 한 개는 80kcal이고 라면 하나는 550kcal이다. 이 또한 다이어트 식품이라 할 수 있다.

4-6 왕실의 강장식품

지금은 식품의 생산이나 보관이 전천후로 발전하고 경제력이 향상되어 먹고 싶은 음식을 언제 어디서나 먹을 수 있어 우리는 옛날의 임금님 이상의 식생활을 즐기고 있으며 평균수명도 놀라울 정도로 연장되었다. 그러나 오랜 경험과 유래에 의하여 선택된 왕실의 음식은 무시할 수 없는 근거가 있을 것이다. 구하기 어렵거나 요리하기 어려운 식품을 빼고 만들기 쉬운 몇 가지를 소개한다.

(1) 민물장어와 마늘

민물장어 한 마리에 육쪽 마늘 세 쪽을 넣고 달여 즙을 짜서 마시게 하였다. 민물장어는 1회 한 마리 이하로 하고 여름 동안 다섯 마리 이내로 사용하게 되어 있다. 입가심으로는 생강이나 연근을 식초에 절인 것 3g 정도를 들게 하였다.

(2) 대구 두부탕

대구 두부탕은 왕실에서 1년 중 겨울철의 1백일 동안 수라상에 올릴 만큼 인기가 있었다고 한다.

(3) 문어포

조선조말 왕실에서 경상북도 봉화군에 사는 장수노인의 식생활을 탐문했는데, 그 노인은 음식을 소식(小食)하고 하루에 대추 12알, 땅콩 한 줌 그리고 말린 문어포 여섯 치를 입안에서 불려 삼킨다는 것이다. 이를 고종황제께 고하여 궁중음식에 문어포가 빠지지 않게 되었다는 것이다.

(4) 홍어, 넙치, 가오리

궁중 잔치상에서 빠지지 않고 차려졌다고 한다. 홍어, 넙치, 가오리를 탁주로 씻어낸 요리는 정력제의 제왕이라고 한다.

(5) 낙지, 밴댕이

강화도령(철종)이 등극하고 나서도 고향 강화의 이른 여름의 밴댕이, 가을 순무김치를 못 잊어하여 이를 수라상에 올린 데서 유래했는지는 모르나 이러한 소박한 음식도 궁중에서 애용되었다.

밴댕이와 순무는 궁합도 잘 맞고 갱년기 여성에게는 더없이 좋은 미용, 보양식품으로 알려져 있다.

(6) 인삼 정과

옛 궁중에서는 산삼을 쪄서 석청에 재어 산삼정과正果를 만들어 썼다. 6년근 삼은 수삼으로 갈아서 삼즙을 만들어 먹는 것보다 일단 쪄서 식힌 후, 밤꿀 같은 토종꿀에 재어 인삼정과를 만들어 먹으면 그것이 인삼을 먹는 제격이다.

(7) 오골계와 황기연실탕

중간 크기의 오골계 뱃속에 연실蓮實을 25g 넣고 황기 15g과 함께 은근한 불에 푹 고아낸다. 이때 사용하는 연실은 미리 약수에 불렸다가 불린 국물까지 넣는다. 연실은 오래 묵은 것을 석련石蓮이라 하여 궁중에서는 70세에도 득남하는 강장제로 매우 아꼈다.

4-7 양주의 매너

술은 나오는 요리 코스에 따라 그에 맞는 술을 마셔야 제맛을 즐길 수 있다. 풀코스에서는 식전주, 식중주, 식후주의 3단계로 나누어 마신다.

식전주(아페리티브)는 식사 전에 식욕을 돋우기 위해 마신다. 대표적인 것으로는 드라이 셰리, 베르므트가 있으며 그 밖에 각종 칵테일이 있다.

식중주(테이블 와인)는 요리를 먹으면서 곁들여 마시는 술로서 주로 와인을 마신다. 와인의 종류는 무척 많은데, 깊은 상식이 없는 경우에는 종업원의 준비 상태를 고려하여 물어가면서 주문하면 된다. 기본적으로 생선요리에는 화이트 와인을, 육류요리에는 레드 와인을 주문한다.

식후주(리큐어)는 소화를 돕기 위하여 마시는 술로서 불어로는 디제스티프라고 하며 보통 커피처럼 마신다. 대표적인 것으로는 리큐어, 브랜디가 있다.

리커(liquor)와 리큐어(liqueur)는 발음상 혼동하기 쉬운데 리커는 증류주 즉, 위스키와 같은 알콜주를 말하며 리큐어는 위스키와 같은 리커에 과실, 당밀 등 감미를 넣은 도수가 높은 술을 말한다.

술의 맛은 크게 드라이(dry-쌉쌀한 맛)와 스위트(sweet-달콤한 맛)로 구별하는데 식전주는 주로 드라이한 술을 마시며 취향에 따라 샴페인과 화이트 와인을 애용하는 사람도 있다.

술을 마시지 않는 사람은 토마도 쥬스나 콜라를 따로 주문하여 마신다.

식전주는 대개 칵테일 코너를 만들어 제공하는 것이므로 자리를 옮겨가며 마셔도 되고 식후주는 코스요리를 다 먹은 후 별실로 옮겨가서 커피도 마시고 담배도 피우면서 입가심으로 한 두 잔정도 마신다. 웨이터가 와인이나 샴페인을 따를 때는 글라스를 잡지 않고 테이블 위에 놓은 채로 받는다. 마실 때는 손바닥 체온이 술을 데우지 않도록 술잔의 다리를 잡고 마신다. 술이 데워지면 제맛이 나지 않기 때문이다. 브랜디는 와인류와 반대로 글라스 밑 부분에 조금만 따르고 손으로 술잔의 몸체 밑부분을 손바닥으로 쥐고 따스하게 한 후 조금씩 마시면서 향기를 즐긴다. 브랜디는 세계적으로 프랑스제 코냑과 아르마냑이 유명하다.

4-8 커피의 매너

차음료는 순하고 자연스러운 맛으로 인하여 동. 서양의 차문화가 혼합된 가운데 우리들 생활에 파고들고 있다. 동양의 다도茶道 못지않게 서양에도 까다로운 매너가 있는데, 요즘 새롭게 등장한 테이크아웃 커피의 맛과 사용하는 용어를 소개한다. 에스프레소 커피는 이탈리아를 중심으로 발달했기 때문에 이탈리아 말이 많고 여기에 영어가 가미되었다.

(1) 커피의 맛과 종류 등

1) 에스프레소espresso

커피의 핵심이며, 이탈리아어로 '빠르다'는 뜻이다. 추출하는데 걸리는 시간이 22~30초에 불과하며, 차돌박이. 삼겹살 등 기름기 많은 식사 후에 마시면 입안이 개운하다.

2) 카페 라테caffe latte

라테는 우유를 의미하며, 에스프레소와 우유의 비율을 1:4로 섞어 부드럽게 한 것이다. 아침식사로 빵과 곁들이거나 이것만 마셔도 든든하다.

3) 카프치노cappucino

카페 라테보다 우유가 덜 들어가 커피 맛이 더 진하다. 아침식사 또는 샌드위치 등의 담백한 식사에 좋다. 아랍인들이 흰 터번 또는 모자를 쓴 모양과 비슷한 데서 유래했다는 말이 있다.

4) 도피오dopio

이것은 커피의 종류가 아니라 2배(double)라는 뜻으로 에스프레소를 2배로 하거나 카프치노 등을 진하게 마시고 싶을 때 사용하는 말이다.

5) 마키아토macchiato

에스프레소에 우유 거품을 얹은 것으로서 카프치노보다 강하고 에스프레소보다 부드럽다.

6) 콘 파나con panna

에스프레소에 휘핑 크림을 얹은 것으로서 마키아토와 비슷한 것이지만 더 달다. 뜨거운 에스프레소 위에 휘핑 크림을 얹기가 쉽지 않아 만들기 어려운 종류이다.

7) 카페 모카caffe mocha

카페 라테에 초콜릿을 더한 것이다.

8) 카페 아메리카노caffe americano

에스프레소에 뜨거운 물을 부은 것으로서 미국에서 많이 마시는 커피와 비슷하다고 해서 붙은 이름이다.

9) 노 폼no foam

거품을 없게 한다는 뜻으로서 하얀 콧수염이 생길 염려가 있는 분을 위해 카프치노 또는 카페 라테 등에 우유만 더하는 것이다.

10) 엑스트라 폼extra foam

우유 거품은 커피를 따뜻하게 유지해줌으로 커피를 나중에 마셔야 할 때, 엑스트라 폼으로 주문하면 우유 거품을 듬뿍 얹어준다.

(2) 커피잔의 손잡이

손잡이가 있는 커피잔을 낼 때에는 손잡이를 왼쪽으로 가게하고 오른쪽에 스푼을 놓는다. 스푼을 사용한 다음에는 스푼을 접시 뒤쪽에 놓고 손잡이를 돌려서 마시도록 한다. 그러나 조리가 되어 스푼이 필요 없는 커피를 낼 때는 손잡이가 오른쪽에 오도록 한다.

제5장 손님접대 방법

5-1 응접실의 준비

옛날부터 주인과 손님의 관계는 까다로웠다. 손님은 용건이 있어서 방문하는 것이므로 예의와 처신을 잘해야 함은 당연한 일이지만 이에 못지않게 손님을 맞이하는 주인도 상대에 따른 예우를 잘해야 훗날 불이익을 당하지 않게 된다.

사람의 집에는 손님이 오기 마련이고 약속을 하는 것이 예의지만 불시에 방문하는 일도 배제할 수는 없으므로 응접실은 가급적 깨끗이 청결상태를 유지할 필요가 있다. 어지러운 응접실을 손님이 도착한 뒤에 정리하느라 법석대면 서로에게 불편을 준다.

의자와 탁자가 깨끗한 지, 대접할 다과茶果와 그릇도 준비한다.

◆포인트: 응접실 점검 항목

1) 청소상태는 잘 되어 있는가.

2) 손님수에 맞게 의자가 있는가.

3) 탁자는 깨끗한가.

4) 벽의 그림은 반듯한가.

5) 달력이 걸려 있는가.

6) 시계의 시간은 정확한가.

7) 냉난방 온도는 적당한가.

8) 화분의 꽃은 시들지 않았는가.

9) 주변 비품들이 정돈되어 있는가.

10) 옷걸이가 준비되어 있는가.

5-2 계단, 엘리베이터의 안내

귀한 손님을 맞이할 때는 주택 대문이나 건물 현관에 나가서 기다려야 한다.

계단을 사용할 때는 손님이 앞서고 안내자가 뒤따른다. 내려올 때는 그 반대로 안내자가 앞서고 손님이 뒤따르게 하면서 2단 정도 간격을 두는 것이 바람직하다.

에스컬레이터의 경우도 계단과 같은 방식으로 하면 무난하다.

엘리베이터에서는 안내자가 먼저 타고 층수 단추를 누른다. 내릴 때도 안내자가 먼저 내려서 앞장선다.

배웅할 때는 주택 대문이나 건물 현관까지 나와 배웅한다. 승용차를 타고온 경우에는 출발하여 보이지 않을 때까지 배웅한다.

유의할 점은 손님의 휴대품이 있을 경우 이를 챙기도록 하고, 전달해야 할 선물이 있을 경우에는 헤어지기 바로 직전에 전달하도록 한다.

제6장 여가선용

6-1 여가餘暇란 무엇인가

여가란 쉬운 우리말로 겨를 또는 틈이라 한다. 이는 일 사이에 생기는 짧은 시간으로서 일을 위해 잠시 대기하는 기간을 뜻하기도 하며 일 자체에 목적을 두고 있다.

그러나 이제 일의 성질이 복잡 다변화하고 인구의 노령화로 일과 여가의 구별이 애매모호해지고 있는 것이 현실이다. 예컨대, 직장 근무 중에는 작업시간과 휴식시간은 엄밀히 구별되지만 재택근무를 하거나 개인사업을 할 경우에는 분명한 선을 긋기가 어렵다.

그러므로 일하는 시간이 중요하지만 여가시간도 아무런 대책 없이 무의미하게 보낼 수는 없으므로 여가시간을 잘 보내도록 계획을 세워야 한다. 시간관념은 예전과 달리 인터넷· 무선전화의 발달로 많은 시간을 앞당기고 있으므로 여가 사용에 대한 관심을 더욱 높여야 할 시대에 살고 있는 것이다.

여가를 활용할 내용은 취미와 성격, 능력 등에 따라 다르겠지만 우선 건강 향상과 생활의 발견 등을 목적으로 조직한 그룹 활동에 대하여 일본 오오바시 여가연구소장의 권고사항을 소개한다.

1) 그룹 활동에 스케줄이 있을 것.

2) 가급적 이성異性을 포함할 것.

3) 구성원에 연령층이 있을 것.

4) 구성원의 직업이나 거주지에 다양성이 있을 것.

5) 모임 장소가 자택이나 일정한 장소로 고정하지 말 것.

6) 20년 간 계속할 목표를 세울 것.

6-2 앨범과 명함의 정리

(1) 앨범 정리

사진 모으기는 열심히 하지만 이를 잘 정리하여 사진첩에 붙여 놓기란 쉬운 일이 아니다. 부부가 모두 직업에 충실하느라고 그러한 사소한 사진 정리에 신경 쓸 시간이 없다는 것이 그 이유일 것이다. 그러나 생각을 고쳐서 직업, 즉 돈벌이는 즐거운 사진 정리를 위하여 하는 일이라고 생각하면 이 사진 정리를 방치할 수는 없을 것이다.

1) 특종사진을 고른다

사진은 가급적 많이 찍는 것이 좋다. 신문의 특종사진도 많은 사진 중에서 골라낸 것이다. 앨범에 찍은 사진 전부를 붙일 필요는 없다. 많은 사진 가운데서 오래 두고 보고 싶고 잘 찍었다고 생각되는 몇 장만 골라서 붙이는 것이다. 선택되지 못한 사진은 별도의 상자에 보관했다가 필요할 때 골라 쓰기도 하고 연말의 연휴에는 가족이 모여 앉아 한 해의 추억을 되새기면서 보관할 것과 버릴 것을 다시 챙긴다.

2) 날짜와 장소를 표시한다

날짜가 자동으로 표시되지 않은 사진에는 가급적 날짜를 적어 넣고 촬영한 장소가 장차 희미해질 가능성이 있는 것이라면 장소도 적어둔다. 특히 외국여행을 다녀오면 어디서 찍은 것인지 기억나지 않을 경우가 많다. 그러므로 사진을 찍을 때부터 장소를 알 수 있는 지명, 이정표, 건물명 등이 들어가도록 찍는 것도 한 방법이다.

3) 연대순으로 붙인다

앨범은 한 가정의 역사책이므로 날짜 순서대로 붙이는 것이 좋다. 사진이 많으면 매년 한 권씩 사용하고 적으면 5년에 1권, 또는 10년에 1권씩으로 편집하고 앨범에 연도 표시를 한다.

4) 추억조각 붙이기

관광이나 여행에서 돌아오면 비행기표, 배표, 문화재 입장권 등이 생기는데, 이를 버리지 말고 사진첩의 조미료로 여백에 붙여 추억을 더욱 선명하게 한다.

(2) 명함의 정리와 보관

받은 명함은 매우 소중하며 무형의 재산도 되는 것이므로 이것을 자기 나름대로 이용이 편리하게 분류하여 잘 보관할 필요가 있다. 정보의 홍수 속에서 많은 정보를 그때그때 정리하지 않으면 쓰레기를 보관하는 것과 같다. 인적 자원인 명함은 기민하게 활용할 수 있어야 하므로 가급적 빨리 정리해 둘 필요가 있다.

명함첩은 크게 업무용과 개인용으로 구분하고 업무용에는 관련 기관, 관련업체, 용도(구매처 및 서비스 업자), 식당(한식, 일식, 양식 등) 등의 명함을 정리한다.

개인용은 친인척, 동창생, 군대 동기생, 직장동료, 기타로 분류하고 성명의 가나다 순이나 받은 날짜 순서로 배열한다. 받은 명함에는 일부인을 구입하여 받은 날짜를 표시하고 새것과 낡은 것을 교체하는 기준을 삼는다.

6-3 가구의 이동과 집안 정리

(1) 가구의 이동

사람은 끊임없이 새로운 것을 동경하고 또 이를 추구한다. 집안 살림도 처음에는 부부가 의논하여 매우 편리하게 합리적으로 배치했을 것이다. 그러나 세월이 가면, 너무 오래 한 자리에 두고 보면 권태로울 수도 있으므로 가끔은 가구의 위치를 옮겨 신선한 분위기를 창출해 보는 것이다.

둘이서 가구를 옮기는 것은 쉬운 일이 아니지만 가구의 모서리 밑 부분에 마른 수건을 받치고 밀면 혼자서도 쉽게 옮길 수 있다.

(2) 살림의 분류

정리의 기본 원칙은 분류를 잘하는데 있다. 컴퓨터도 별것이 아니고 자료를 잘 분류하여 지정된 창고에 보관했다가 필요 시 빠르게 사용할 수 있도록 만든 것이다. 대개 집안의 살림 중 가장 많은 수량을 차지하고 사용 빈도가 많은 것은 옷가지와 신발일 것이다. 1년 내내 한 번도 꺼낸 일이 없는 옷과 신발(조문용 복장 등은 제외)은 앞으로도 사용될 가능성이 없는 것이므로 과감히 헌옷수집함에 버리는 것이 현명하다. 그리고 나서 사용 가능한 옷과 신발을 혼합하지 말고 개인별로 보관 관리하도록 용기를 마련해 준다. 어려서부터 자기 것은 자기가 챙기는 습관을 붙이도록 훈련한다.

(3) 공동용품의 정위치

온 가족이 공동으로 사용하는 용품은 항상 정한 위치에 두도록 훈련한다. 아무 곳에나 팽개쳐서 찾는데 시간을 허비하지 않도록 한다. 공동용품은 청소도구, 의약품 상자, 공구 상자, 전화용 필기구 등이다. 항상 전화기 옆에 있어야 할 볼펜이 제자리에 없으면 전화를 받다가 방안 전체를 뒤지게 되어 상대방에게 결례를 하면서 한심한 살림 꼴을 보여주게 되는 것이다.

(4) 대청소

매월 한 번은 대청소의 날을 정하고 집안에 쌓인 먼지를 말끔히 털어 낸다. 특히 냉장고의 내용품 중 보관기한이 지난 것은 과감하게 버리도록 한다. 텔레비전의 화면 유리에 쌓인 까만 먼지도 닦아 낸다.

6-4 레저와 취미활동

(1) 중. 노년층의 현주소

　우리나라 50세 이상 중. 노년층의 레저. 취미활동을 제일기획이 전국의 중,장년층을 대상으로 조사한 바(2019년 10월 실시) 등산이 100명 당 68명으로 가장 많이 이를 즐기고 있었으며, 2위로는 화투와 포커로 여가를 보낸다고 답했는데, 이는 비활동적이며 비생산적이어서 하나의 문제를 던져주고 있는 실상이다.

　그 밖에 독서, 1박 이상의 국내여행, 바둑. 장기, 드라이브, 걷기 운동, 영화 감상, 음악 CD나 테이프 구입 및 감상, 연극감상, 서예 순이며 골프와 스키를 즐기는 인구는 소수였다. 지난 1년간 해외여행을 다녀온 중.노년층은 100명 당 6명에 불과한데, 앞으로 하고 싶은 레저. 취미로는 해외여행을 꼽고 있었다.

(2) 부부의 종목

　부부가 함께 즐거움을 나눌 수 있는 레저. 취미의 종목은 세대와 건강 정도에 따라 달라질 수 있지만 자녀들의 부모이기도 한 부부는 건전한 쪽을 택하는 공통성은 같아야 할 것이다.

　종목은 부부의 형편에 따라 결정할 일이지만 권하고 싶은 것은 정기적인 활동과 계획성이다. 예를 들어 걷기 운동을 택하였다면 부부는 같은 시간대를 정하고 매일 정기적으로 실시하는 것이 바람직하며 여행을 좋아한다면 부부가 의논하여 일정을 잡고 준비하는 즐거움도 갖는 것이 부부의 끈끈함을 더할 것이다.

6-5 여행을 떠나자

(1) 여행의 목적과 의미

여행을 떠나는 사람은 먼저 목적지를 정한다. 인생에 있어서 목적감과 방향감이 중요한 것처럼, 어디를 어떤 경로로 누구와 함께 갈 것이며 왜 가야 하는가를 정해야 한다. 떠나는 목적은 산천의 아름다움이나 사람이 만든 조형물의 아름다움을 찾아 떠나기도 하고 일상의 피곤함과 권태를 씻기 위해 떠나기도 한다.

여행의 결과는 비용을 들인 만큼이나 많은 것을 얻게 된다. 처음 타향에 다녀오면 애향심이 생기고, 처음 외국에 다녀오면 누구나 애국자가 된다. 여행을 하면서 불만과 부자유를 극복하는 인내심도 생기고 자신의 성격을 거울삼아 자성도 하고 반려자에 대한 이해와 협동심도 배우게 된다.

(2) 여행의 준비

모든 일에 있어서 어떤 결과물을 얻게 위해서는 50% 안팎의 준비과정이 있어야 한다. 준비한 것만큼 결과물도 생기며 성취감 못지않게 준비과정의 기쁨도 큰 것이다.

1) 정보를 입수한다.

가고자 하는 곳의 숙박시설. 레저시설. 소요시간 등 정보를 최대한 얻는다. 외국을 여행하고자 할 경우에는 그 나라를 소개하는 안내 책자를 구입하여 사전지식을 갖는다.

2) 일정표를 짠다.

날짜별로 그날의 행사계획을 세우고 시간을 배당한다. 가급적 6하원칙(언제, 어디서, 누가, 무엇을, 어떻게, 왜)에 따라 표를 만든다.

3) 준비물 점검표를 만든다.

필요한 준비물의 목록을 작성하고 준비된 것은 체크하면서 빠지는 것이 없도록 챙긴다.

4) 일기장을 마련한다.

그날그날의 사건과 행사를 자세히 기록하여 기행문을 쓰거나 사진을 설명할 수 있는 자료로 삼는다.

6-6 호텔 이용방법과 매너

호텔은 프런트(현관)와 식당 그리고 객실로 구성되어 있다. 여러 나라 사람들이 공동으로 사용하는 장소임으로 국제적인 신사가 되어야 한다는 것을 자각하고 특별하고 정중하게 행동해야 한다.

(1) 예약

호텔을 이용할 때는 반드시 예약을 해야 한다. 예약하지 않고 당도해서 사용할 수 있는 객실이 없으면 빈방이 있는 호텔을 찾아다니게 된다. 행선지를 결정하기 전에 먼저 호텔부터 예약해 두고 계획을 짜야한다. 출발 2~3일 전에는 반드시 예약을 확인(confirm)하여 틀림이 없게 한다.

(2) 문의

의문사항이나 안내를 받고자 할 때는 프런트에 있는 안내원(information)에게 문의한다. 객실에서 전화번호를 모르면 교환원에게 문의한다. 교환원은 보통 0번으로 되어 있다.

(3) 세탁물 서비스

보통 방에 세탁물봉투와 영수증이 준비되어 있으므로 내용물을 기입하고 세탁물 백(laundry bag)에 넣어두면 방을 청소하는 청소원(room maid)이 가져가서 오후에 방으로 가져다준다.

(4) 깨우지 마시오

피곤하여 쉬고 싶을 때는 방에 비치되어 있는 'Do Not Disturb' 라고 쓰인 카드를 방문밖에 걸어두면 청소원이나 기타 외부인이 문을 두드리지 않는다.

(5) 방에서의 식사

방에서 식사나 음료수를 마시고자 할 때는 룸서비스를 이용하면 된다. 또한 아침에 식사를 하고자 할 때는 방에 비치되어 있는 아침 메뉴카드에 기입하여 저녁에 문밖에 걸어두면 원하는 시간에 아침식사를 할 수 있다.

(6) 모닝콜(morning call)

아침 일찍 일어나고자 할 때는 교환원(operator)에게 미리 부탁해두면 원하는 시간에 전화로 깨워준다.

(7) 냉장고 이용

객실의 냉장고나 냉장고 위의 스낵, 술, 음료 등은 비교적 값이 비싸므로 비치된 영수증을 확인하고 이용한다.

(8) 욕조의 커튼 이용

호텔의 욕실에는 하수구가 없는 곳이 많다. 욕조 밖에서 물을 사용하면 물이 빠져나가지 못하므로 욕조 안에서 물을 사용토록 하며 샤워를 할 때는 욕조 커튼을 욕조 안으로 드리우고 사용해야 한다.

(9) 열쇠 관리

방 밖으로 나갈 때는 반드시 열쇠를 가지고 나가야 한다. 대개 방문을 닫으면 자동으로 잠기기 때문이다. 만일 열쇠를 방에 두고 나오는 실수를 하였을 때는 프런트에 가서 부탁하면 된다.

(10) 객실 밖은 대문 밖과 같다

호텔 복도는 집의 대문 밖과 같으므로 잠옷차림이나 슬리퍼를 신고 나다니는 일이 없도록 조심한다.

(11) 투숙 및 퇴출시간

호텔에서는 보통 낮 12시에 투숙(check in)하여 다음날 낮 12시에 퇴실(check out)하는 것을 원칙으로 하고 있다. 만약 외출 등으로 시간이 늦어지면 미리 프런트에 연락하여 짐을 보관해 두도록 부탁한다. 시간이 넘으면 예약 손님을 받을 수 없게 되므로 객실료를 요구하는 수도 있다.

(12) 청소원의 팁

청소원의 팁은 1불 정도이며 베개 밑에 두는 것이 통례이다.

제7장   성생활

7-1 성교는 합의와 창조의 문화

(1) 성교의 의미

프랑스의 작가 파스칼 키냐르는 성교를 다음과 같이 설명하고 있다.

'성교하다(coire)'는 사랑을 뜻하는 라틴어 동사이다. ire는 '가다'라는 말이다. coire는 '함께 걸어가다'를 의미한다. 나는 성교가 시선밖으로 벗어나는 인간의 유일한 이동이라고 주장한다. 왜냐하면 밤에 꿈을 꿀 때조차도 인간을 비롯한 많은 포유동물들은 그들을 둘러싼 어둠과 그들이 빠져든 잠에도 불구하고 무언가를 보려는 시선을 고집하기 때문이다.

에로틱한 쾌락은 별개의 것들을 함께 있게 만든다. 또 하나의 자아와 분리된 유성 존재들의 같이 있음은 함께 간다. 성(sexus)이라는 라틴어 단어에 의하면, 성의 분화에 의해 종이 구분된다. 인간(homo)은 둘로 나뉜다.

같은 것(idem)과 같지 않은 것(non-idem)이 맞물려 끼워지지만, 자아(ego)와 타아(alter)는 함께 간다.

(2) 성교는 사랑의 대화다

  대기업에 다니는 김 부장은 정력이 매우 좋다. 그래서 부인은 어느 날 골병이 들어 한의원을 찾아갔다. 남편이 얼마나 자주, 길게 하려는지 죽을 지경이라는 것이다. 이런데 쓰는 약은 없나요? 없습니다! 그래서 김 부장과 상담을 하게 되었다. 참으로 감동적이었다. 오직 아내의 사랑을 확보하기 위하여 죽을힘을 다하는데, 사람 속도 몰라준다고 했다. 그렇다. 남자는 죽을힘을 다해서 산다고 해도 과언이 아니다.

  그렇지만 어디나 판다고 석유가 나오는 것은 아니다. 남성의 섹스 목표는 오로지 사정이고, 그러면 끝이다. 기계적이고 아주 단순하다. 그래서 혼자서도 잘한다. 그러나 여성은 다르다. 사랑하는 사람이 있어야 하고, 사랑을 느낄 수 있는 분위기가 되어야 한다. 남성들은 여성들도 자기와 같을 것이라는 착각 속에서 있는 힘을 다한다. 그러나 여성은 다르다.

  지금부터 동양의 고대인이 밝힌 신神이 되는 비법을 공개한다.

  '양정상박위지신兩精相搏謂之神' 양정兩精(부부)이 용호상박龍虎相搏(용과 호랑이가 서로 맞붙음)하면 신이 된다는 말이다. 그런데 신에도 격이 있고 등급이 있다.

  상대를 살아있는 자위기구쯤으로 여긴다면 아랫도리의 신이, 뜨거운 열정과 마음으로 모신다면 가슴의 신이, 사랑과 생명으로 받든다면 머리의 신이 그대들의 섹스에 깃들 것이다. 아랫도리의 신과 가슴머리의 신은 각기 그만큼의 성적 환희를 허락한다. 당신의 상대를 어떤 식으로 대하고 있는지. 혹시 아랫도리의 신이라면 오로지 기계적인 쾌락밖에는 허락하지 않을 것이다. 그러나 가슴의 신이라면 가슴이 벅차고 심장이 두근거리는 끝없는 신적인 환희를 줄 것이며, 머리의 신이라면 세상을 창조한 완벽한 신의 희열을 느낄 것이다.

성교는 둘이서 창조하는 신의 문화다. 빈번하게, 길게 한다고 완벽한 것은 아니다. 오직 둘만의 은밀한 문화이며 섹스엔 변태가 없다. 둘만이 합의해 창조하는데 무슨 변태가 필요할 것인가. 변태란 상대가 동의하지 않는 성적 폭력이다.

격렬히 창조하자! 그러나 상대를 사랑으로 감싸고 이해하여 수준 높은 신을 창조하도록 하자. 이제는 자칭 선수들의 이야기를 잊어 버리고 스포츠신문이나 포로노의 은밀한 제안을 무시하자. 오로지 당신의 상대에게 집중하고 사랑하라. 성교는 사랑의 대화다. 사랑을 몸으로 표현하는 대화법이다. 사랑이 없는 섹스는 폭력이다. 창조주는 신이 되는 비법을 남성과 여성에게 절반씩 은밀히 숨겨놓고 섹스를 통해 신이 되게 하시고 새로운 삶의 환희를 느끼게 하며 자손을 이어가게 하셨다. 이것은 제마한의원 김혁 원장의 글이다.

(3)성교는 예술이다

성교는 자손을 번식하고 생리적인 욕구를 충족하기 위해 하는 행위임으로 매우 숭고하고 자연스러운 행위임에도 침실에서 은밀하게 이루어지는 작업이기 때문에 마치 불의한 일을 저지르는 것과 같은 착각에 빠지는 사람도 있다. 더욱이 불법한 성교로 인한 부도덕한 사건과 범죄행위는 성교 자체에 문제가 있는 것으로 보는 사람도 있다.

혼인은 만인이 축복한 가운데 두 남녀의 결합을 공인한 행사임으로 부부의 성교 또한 아름다운 작업이 되어야 할 것이다. 인간의 예술활동은 대부분 이 성교를 찬미하며 이에 도달하려는 희망 등을 표현한 것이므로 성교야말로 인간이 희구하는 최상의 예술인 것이다. 그러므로 부부는 훌륭한 배우로서의 자부심을 가지고 무대에 서야하며 또 행동해야 할 것이다.

7-2 성기의 청결

(1) 음경陰莖, penis

　남성의 성기는 네 부분으로 구성되어 있다. ① 버섯모양으로 생긴 가장 끝 부분을 귀두龜頭, glans라 하고 ② 소변이나 정액을 배출하는 좁은 통로를 요도尿道, urethra라 하며, ③ 음경의 긴 부분을 골간骨幹, shaft이라 하고 ④ 맨 끝 부분의 음경과 만나는 좁은 피부를 소대小帶, frenulum라 한다. 귀두 부분을 덮고 있는 늘어진 피부를 포피包皮, foreskin라고 하는데 늘어진 피부를 잘라내는 포경수술을 한 사람은 포피가 없다. 문제는 이 포피인데 포피가 귀두를 덮고 있으면 곰팡이도 생기고 냄새가 나며 불결하다. 가급적 포경수술을 하는 것이 좋다.

(2) 음문陰門, vulva

　여성의 성기는 매우 복잡하지만 남성과 마찬가지로 네 부분으로 구성되어 있다. 바깥에서 볼 수 있는 외부기관 전체를 통칭 음문이라 부르며, ① 음모로 덮인 V자를 이루는 언덕 모양의 살을 치구恥

丘, mons pubis라 하고, ② 음모로 덮고 접힌 피부를 대음순大陰脣, labia majona이라 하며 ③ 대음순을 벌리면 입술과 같이 생긴 것을 소음순小陰脣, labia minora이라 하고, ④ 질의 입구와 항문 사이에 매끄럽고 좁은 부분이 있는데 이것을 회음부會陰部라고 한다. 소음순은 피지를 분비하는 선腺을 가지고 있는데 분비되는 애액은 질을 매끄럽게 해준다. 성적으로 흥분하게 되면 음순에 피가 모이고 단단해진다.

(3) 청결요령

여성의 성기는 매우 예민한 것이므로 부부가 합심하여 항상 청결을 유지해야 할 것이다. 남자는 용변할 때 손으로 만지게 됨으로 사무실이나 작업장에서 더러워진 손을 먼저 씻고 소변을 보아야 한다. 용변 후에 손을 씻는 사람이 많은데 그 순서를 바꾸어야 한다. 만일 용변할 때마다 손을 씻을 수 없는 환경이라면 침실에 들기 전에 손과 성기를 깨끗이 씻어야 할 것이다.

여자는 용변을 본 후 휴지로 닦는 사람도 있는데 휴지에는 많은 잡균이 있으므로 사용하지 않는 것이 좋으며 물로 씻을 경우에도 성기에 세제를 사용하지 않는 것이 좋다. 세제에도 암을 유발하는 위험성이 있기 때문이다. 특히 여자의 경우 목욕탕에서 아무 곳이나 앉지 말고 샤워를 하는 것이 좋다. 남자의 더러워진 성기는 잡균을 발라 성병을 유발하는 수도 있고 여자는 목욕탕에서 잡균이 침입하여 성병을 유발하는 수도 있다. 성병에 걸리면 부부싸움은 물론 이혼 등 후유증이 따르므로 매우 조심해야 한다.

월경이 진행 중일 때는 성기 부위가 팽창해 있고 세균 감염의 가능성이 높으므로 성교를 해서는 아니되며 청결을 유지하도록 필요한 도구를 준비하고 다녀야 한다. 오럴섹스를 즐길 때는 혀에 균이 있으므로 칫솔로 혓바닥을 깨끗이 닦아야 한다.

7-3 성기의 능력증진

성기의 능력증진을 위한 방법은 운동과 기구의 사용이다. 여기서는 쉽게 할 수 있는 몇 가지를 소개한다.

(1) 하이힐을 신자

옛날 왕궁에서는 왕이 선호한 궁녀들에게 여러 가지 성훈련을 실시했는데 그 중 발뒤꿈치를 올리고 걷게 하는 훈련이 있었다. 이것은 질의 괄약근을 강화하는데 도움이 되었던 것 같다. 서양에서 고안된 굽 높은 하이힐도 이와 같은 목적으로 개발된 기구로 인정됨으로 가능하면 손쉬운 하이힐을 신는 것이 바람직하다. 하루에 10분씩 궁녀와 같은 걷기 훈련을 하는 것도 좋을 것이다.

남자도 발뒤꿈치를 올리고 걷는 것이 성기를 강화하는데 도움이 됨으로 같은 훈련을 하는 것이 바람직하나 하이힐을 신을 수 없으므로 소변을 볼 때 발뒤꿈치를 들고 용변을 하면 효과를 볼 수 있다. 등산을 하는 것이 좋으나 많은 시간이 소요됨으로 계단을 이용할 수 있는 기회가 생기면 가급적 엘리베이터를 타지 않고 계단을 오르내리도록 한다.

(2) 회음혈 비비기

항문과 성기 사이 중앙 부위에 있는 회음혈(會陰穴)을 부드럽게 비비면 전립선염 등 요도와 관계되는 질병을 예방. 치료하는 효과가 있으며, 남성은 정력과 발기력이 향상되고 여성은 성감을 높이고 불감증을 고치는 효과가 있다. 회음혈을 마찰할 때는 가운데 손가락을 사용하는 것이 가장 좋다. 먼저 손바닥으로 회음부위를 따뜻하게 문지른 다음 가운데 손가락으로 부드럽게 100회가량 비빈다. 목욕할 때는 따뜻한 물로 샤워를 하면서 마찰하면 더욱 효과적이다.

(3) 항문 조이기

발기지속시간과 강직도, 즉 음경의 팽창도를 오래 지속하려면 음경 내의 혈액 공급을 왕성하게 하고 근육이 풀어지지 않도록 해야 한다. 강직도가 약한 것을 그대로 방치하면 남성의 경우 심각한 발기부전으로 이어지고 여성이 경우는 요실금으로 이어짐으로 이를 예방하기 위해서도 성기 주변 근육의 탄력성을 유지해야 하는데 가장 효과적인 방법은 항문 조이기 운동이다. 이 운동은 가장 손쉬운 방법이기는 하지만 방치하기도 쉬운 방법이다. 1회에 30번씩 1일 3회를 계속하도록 노력해 보자.

(4) 활시위 당기기

먼저 두 발을 어깨넓이만큼 벌리고 선다. 두 발을 벌린 채 몸을 왼쪽으로 향하여 두 손으로 활시위를 당기는 자세를 취한다. 양궁 쏘는 것을 흥미있게 본 사람은 이 동작을 쉽게 이해할 수 있다.

서서히 시위를 당김에 따라 두 손이 차츰 좌우로 갈라지고 오른손이 가슴 가까이 와서 완전히 서로 떨어진 시점에서 발사한다. 그리고는 시위를 바꾸어 이번에는 오른쪽을 향하여 같은 동작을 취한다.

이렇게 한 방향의 동작에 10초, 좌우 합쳐서 20초가 소요된다. 도구는 필요 없다. 활을 잡았다고 생각하고 맨손으로 시위 당기는 운동을 하면 된다.

이 운동은 호흡법이 중요하다. 천천히 숨을 들이쉬었다가 발사동작을 할 때 내뱉는다. 한 달만 계속하면 정력이 강해진 것을 실감한다. 심호흡은 몸을 알칼리성으로 만들고 뇌에 산소공급을 원활하게 하여 두뇌활동도 활발해지게 되어 일석이조의 효과를 얻을 수 있다.

(5) 대퇴부 마사지

전신의 피로를 풀어주고 부부간의 화합을 원활하게 하는데는 대퇴부 안쪽을 마사지하는 것이 효과적이다. 이 마사지는 남녀가 협동하여 하는 것으로 스트레스를 해소시키면서 두 사람의 애정을 끈끈하게 해준다. 이는 성교 전의 전희 역할을 하면서 근육과 신경의 긴장을 풀어주는 것이다. 방법은 상대의 성기 근처의 단단한 대퇴부 근육을 서로 교대로 마사지하는 것이다. 이 부위는 임파액의 집중회로이기 때문에 임파액의 흐름을 원만하게 해준다.

남녀가 다같이 내성기內性器와 밀접하게 연결된 위치이기 때문에 즉효가 있다. 남녀가 마주 앉아 서로 다리를 가볍게 뻗고 무릎에서 힘을 빼면 자연히 다리를 벌리는 자세가 되고, 서로 상대로 하여금 마사지하기 쉬운 자세가 된다. 이때 두 사람이 다리를 서로 얽고 상대를 지압, 마사지하는데 손바닥이나 손가락 전체를 사용한다.

7-4 분위기의 조성

(1) 무대를 장식한다

멋진 연극을 연출하기 위해서는 멋진 무대가 필요하다. 관객은 출연하는 배우 자신들뿐이지만 무대장치가 잘되어 있어야 열연을 할 수 있는 것이다.

부부는 한 쪽의 취향만 내세우지 말고 서로 협의하여 합의를 도출한 후 작업을 하는 것이 좋다.

(2) 화려한 의상을 준비한다

옷은 외출할 때만 필요한 것이 아니다. 한 생애의 절반은 부부와 함께 지내는 것이므로 멋진 무대에서 초라한 의상을 하고 지낼 수는 없는 것이다. 그리고 매일 똑같은 속옷 차림으로 남편을 맞이하면 남편의 성욕도 덤덤해짐으로 잠옷에 대해서도 신경을 써야 할 것이다. 때로는 남편이 늦게 귀가할 때 화려한 의상이 없으면 의상보다 더 화려한 나체로 영접하여 분위기를 고조시키거나 주말에 단 둘이 있을 때 노팬티로 지내는 연출도 필요한 것이다.

(3) 배경음악을 튼다

조용한 방은 사막과 같으므로 둘이 즐겨 듣는 음악을 실내 가득히 채우고 샘솟는 기쁨을 맛보게 한다. 이때 오디오 기기의 작동에 신경을 쓰지 않도록 조작해 둔다. 테이프의 경우는 반복하도록 한다.

(4) 건강한 퇴행을 한다

정신 이상이 생겨 옛날로 돌아가는 퇴행이 아니라 의식적인 퇴행을 하는 것이다. 부부가 함께 퇴행을 하면 더욱 바람직하지만 처지와 생각이 일치하지 않아 쉬운 일이 아니므로 한쪽만 해도 무방하다. 꿈 많은 여고시절로 돌아가기도 하고 철없던 어린 시절로 옮겨가도 좋다. 세속에 찌든 부부가 잠시 순진한 옛 시절로 돌아가 영화와 같은 멋진 포옹도 해보고 업혀보기도 하면서 황홀경에 빠져보는 것이다.

(5) 러브호텔을 이용한다

아무리 멋진 사랑을 나누려 해도 주거환경 즉, 침실과 주변이 적절하지 않다면 불가능한 일이다. 기분전환과 스트레스 해소도 겸해서 멋진 강변이나 산록에 자리 잡은 러브호텔을 찾아간다. 러브호텔은 불륜의 장소로 낙인찍혀 주차장에는 가리개까지 쳐져 있지만 이것을 건전한 부부의 러브호텔로 전환하는 것이다. 거기서 신혼여

행 때를 상기하면서 교성도 지르며 해방된 기분을 만끽하는 것이다

(6) 헌신한다

사랑은 주는 것이라 했다. 그래서 부부가 열애할 때는 자기가 가진 모든 것을 주고 싶었다. 그러나 그 열정은 날이 가면서 생활에 찌들어 식어가기도 하고 행복을 비교 계산해보기도 하면서 타산적으로 변해가기도 한다. 부부가 사랑을 의심하고 이해득실을 계산하게 되면 사실상 부부간에 금이 많이 간 것이다. 평소의 이런 분위기와 환경으로는 서로 대하기조차 거북스럽다.

이를 극복하기 위해서는 부부 10 계명 9조에 따라 처음 만났을 때를 항상 기억하며 다시 시작하는 것이다. 처음 만났을 때와 같이 서로 헌신적인 마음가짐을 되찾는 일이다. 서로가 요구하는 모든 것을 주어야 한다. 남편은 도학자처럼 거드름을 피우거나 조금 실수를 하였다고 주저하지 말며 아내는 현숙함이나 깨끗함을 내세우지 말고 요부가 되어 변덕도 부리면서 온몸을 던지는 것이다. 그러면 불타는 열정은 되살아나고 성교의 환희와 극치를 마음껏 누릴 수 있을 것이다.

(7) 침실을 편안하게 한다

성교 후에는 숙면을 취하는 것이 좋다. 수면에 적당한 온도는 계

절에 따라 다르지만, 24~27도 정도가 적당한데 일치되는 연구는 없으며 27도가 가장 좋다는 보고도 있다. 그리고 습도는 50% 정도가 가장 좋다. 여름철 냉방을 하는데 있어서 너무 차지 않도록 주의해야 하며 특히 에어컨을 켠 채로 자는 것은 피해야 한다. 침실의 밝기는 어두울수록 좋다. 아주 컴컴한 것이 좋은가, 조금이라도 빛이 있는 것이 좋은가는 개인차가 있으므로 단정지어 말할 수는 없지만 가급적 일광을 차단하는 커튼을 쳐두는 것이 좋다. 소리도 불규칙한 소리, 불시에 일어나는 소리 등이 수면을 방해하는 요소가 되지만, 어느 정도 규칙적인 소리에 익숙해져 있으면 너무 조용한 것보다 숙면을 취할 수 있다. 전철을 타고 있을 때나 강의를 들으면서 졸아본 사람은 이해가 될 것이다.

◆ 포인트 : 부부의 소원

1) 남편은 베개머리 송사를 싫어한다.
2) 남편은 아내가 섹시하다는 확신을 가지기 바란다.
3) 남편은 아내가 한 곳에 누워만 있는 것을 싫어한다.
4) 아내는 페니스가 큰 것을 갈구하지 않는다.
5) 아내는 남편이 밤새도록 섹스에 탐닉하는 것을 좋아하지 않는다.
6) 아내는 섹스를 한 후 뭔가 멋진 말을 해주기를 바란다.

7-5 성교의 체위

(1) 둘이 뛰는 마라톤

동물 성교의 목적은 자연의 법칙에 따라 본능적으로 종족을 번식하고자 하는데 있다. 그런데 사람에게는 다른 동물과는 달리 쾌락을 위한 목적 하나를 더 선물로 주셨다.

부부는 하나님이 주신 선물 즉, 쾌락을 공유하도록 명령하셨는데, 이것을 깨닫지 못하고 무지한 남성은 거의 강간을 하고 있는 것이다. 아내가 원치 않을 때, 원치 않는 자세로 지극히 일방적으로 강행하고 독단적으로 끝내는 것이다. 마치 아내는 자기가 즐기는 도구 정도로 생각하는 것이다.

성교라는 운동은 부부가 둘이서 손잡고 달리는 마라톤으로 생각하면 무난하다. 마라톤을 시작하기 전에 여러 가지 준비가 필요하듯 충분한 준비운동과 신발이며 땀 흘릴 때 사용할 수건이며 달리는 거리는 몇 킬로미터로 하고 정상은 어디로 정하고, 서로 충분한 토론과 합의를 거쳐 출발하는 것이다. 남자의 주행속도가 너무 빠르면 '천천히 같이 가세요' 하고 잡은 손을 당겨야 할 것이다.

성교체위 또한 부부의 신체요건을 잘 연구하여 달리기 좋은 자세를 선택해야 할 것이다. 불량서적이나 포로느 등에 소개하는 여러 모양을 흉내 내려다가 넘어지는 과오를 범하지 않도록 잘 의논하여 실행해야 한다.

부부 중 체력에 많은 차이가 있는 경우는 비교적 체력이 강한 파트너가 상위에 있는 것이 좋다. 상위에 있는 자가 운동을 많이 하기 때문이다.

쾌감은 물리적인 것이 아니라 정신적인 것이기 때문에 단순한 육체의 마찰에만 의존할 것이 아니라 서로의 인격을 존중하며 사랑이 충만하여 파트너의 기분을 고양시키는 방법을 서로가 끊임없이 개발해야 할 것이다.

어떤 자료를 보면, 정상위에서의 칼로리 소비(체중 1kg당 1분간의 칼로리 소비)는 남성이 평상시의 2.24배, 여성이 2.26배로, 이것은 남녀 함께 꽤 피로해지기 쉬운 체위이다. 기승위(騎乘位)에서 남성은 1.08배, 여성은 4.48배로, 이것은 남성에게 편한 체위라고 할 수 있다. 그리고 측와위(側臥位)에서는 남성이 1.84배, 여성은 2.31배로 나와 있다. 이러한 면도 고려하여 체위를 선택할 필요가 있다.

(2) 여성의 정상반응

성적 자극에 대한 반응이 남성은 음경의 발기로 나타난다면, 여성은 질 내에 분비액이 나오는 것으로 시작된다. 또한 성적으로 흥분할 때 음핵, 음순, 질 등으로 혈류가 급속히 늘어난다. 이 때문에 음핵은 팽창하고 질은 길어지고 넓어지며 분비액도 더욱 증가한다. 이는 발기된 음경을 통증 없이 받아들이기 위함이다. 여성이 성교를 할 때 느끼는 정상적인 반응은 대개 4단계로 나누어진다.

1) 흥분기

성적 자극이 시작되어 10~30초가 지나면 질벽에 분비액이 나온다. 음핵은 평상시의 2~3배가 커지고 소음순과 대음순도 커진다. 질 안쪽의 3분의 2는 상. 하. 좌. 우로 늘어나고 자궁은 위로 올라간다. 이때 유방도 커지고 유두도 단단해진다.

2) 고조기

성적인 자극이 계속되면 질의 충혈이 가속화되고, 질 바깥 3분의 1에 해당하는 부위가 좁아져 극치감대가 형성된다. 반대로 질 안쪽 3분의 2는 평소의 2~3배로 늘어나 질은 마치 맥주병을 거꾸로 세운 듯한 모양이 된다. 이는 음경과의 마찰을 높여주고 사정 후 정액이 질 안에 잘 고이게 하는 역할을 한다. 이 시기에 자궁은 골반 윗부분까지 올라가고 음핵은 질 입구에서 멀어진다. 유방은 젖몽우리가 더욱 커져 상대적으로 유두가 작게 보인다.

3) 쾌감기

성적 극치감은 음핵의 자극에 의해 형성되고 질 괄약근의 수축으로 표현된다. 질 바깥 3분의 1 부위에 형성된 극치감대가 0.8초 간격으로 3~10회 주기적인 수축을 한다. 이는 교감신경의 작용이다. 따라서 혈압도 올라가고 맥박. 호흡이 빨라진다.

4) 해소기

질 바깥 3분의 1의 충혈은 금방 없어지는 반면, 안쪽 3분의 2는 회복 속도가 느려 5~8분 정도 걸린다. 음핵은 5~6분 뒤에 정상 크기로 줄어들고 유방은 5~10분 후에 원래 크기로 돌아온다. 반면 자궁 입구가 열려 정액을 받아들일 태세가 된다. 남성과는 달리 여성은 성적 자극에 반응하지 않는 기간이 없다

7-6 발기부전의 요인

(1) 나이

남자는 늙어감에 따라 테스트스테론의 생산량이 줄어드는데, 이 수치는 대개 성욕과 발기력을 어느 정도 유지하기에 충분할 만큼 높다. 발기부전을 일으키는 다른 어떤 원인들이 없다면 남자는 80대, 혹은 그 이상에서도 정자를 생산하고 성적으로 강건할 수 있다. 그러나 사정의 양과 그 힘은 감소된다.

여자의 경우도 폐경과 함께 여성 호르몬인 에스트로겐의 생산이 급격히 줄어들어 성욕이 감퇴한다. 남녀 공히 호르몬의 보충을 위하여 약품을 사용하는데 남성의 경우 부작용이 많고 여성의 경우는 효과가 있는 것으로 알려지고 있다.

(2) 심리적인 요인

발기부전의 80%까지는 신체적인 원인으로서 빚어진다는 것이다. 그 나머지 20%는 근본적으로 심리적인 것으로 볼 수 있다. 하룻밤 사이에 한 번 이상은 흔히 발기가 되는데 정작 아내와 성교를 하려면 잘 되지 않을 경우 그것은 거이 심리적인 것이다. 발기부전이 된 노인은 방광이 가득 찼을 때 일시적으로 발기는 되나 용변을 마치면 다시 시들어버린다.

평상시 성적인 환상에 젖었을 때 발기가 되는데 아내와 성교를 하려고 하면 되지 않을 경우, 그 이유는 감정적인 것이므로 혈관이나 신경치료에 시간과 돈을 낭비하지 말고 정신과 전문의를 찾아가서 상담을 하는 것이 좋다.

심리적. 정신적인 요인들로는 성행위에 대한 좌절감, 당혹감, 죄책감 등이 있고 스트레스도 커다란 장애요인이 되고 있다. 친밀한 사람과의 관계를 적절히 처리하지 못하거나 헌신하지 못하는 성격, 성교의 결과에 대한 불안감 즉, 잘 해내지 못하리라는 예감에서 오는 두려움, 우울증 등 여러가지 감정상태가 원인이 된다.

(3) 약물

많은 약들은 성교와 잘 어울리지 않는다. 발기부전의 약 25%는 약과 관련이 있다는 것이다. 자신의 성 능력에 불만이 있다면 의사의 처방에 의한 것이거나 선전문을 보고 선택한 약이거나 모든 약을 검토해볼 필요가 있다. 각종 고혈압 치료제, 알레르기 치료제, 식욕 억제제, 감기약, 소염제도 영향을 준다. 항우울제와 진정제들도 뇌의 정상적인 신진대사를 방해함으로써 발기부전을 일으킬 수 있다는 것이다. 그러므로 복용하는 모든 약을 가지고 전문의와 상담을 하는 것이 현명한 방법이다.

(4) 혈관질환

발기의 필수조건은 페니스에 적정량의 혈액이 유입되어야 하는데 피를 공급하는 동맥이 심하게 좁혀졌거나 다른 장애가 있어서 혈액공급이 충분하지 못한다면 다른 기능이 정상적이라 해도 발기가 되지 않는다. 대표적인 것이 동맥경화인데 페니스로 통하는 동맥 내벽에 플라크가 형성되는 것은 평소에 고지방 식사를 하고 고혈압을 방치하고 담배를 피우고 당뇨병 치료를 제대로 하지 않은 데서 오는 것이다.

(5) 자전거 타기

이는 혈관질환에 포함될 원인이지만 별로 관심을 두지 않아 강조하고자 한다. 페니스는 그 50%가 몸 안에 있고 그 경계지점이 바로 자전거의 안장에 닿는 부분이다. 안장에 앉으면 페니스에 혈액을 공급하는 동맥에 전체의 체중을 얹어주게 된다. 한 시간에 10km를 달린다고 하면 페니스에 가해지는 체중은 거의 4분의 1톤이나 된다. 그러므로 자전거 타기를 즐기는 남자로서 성 능력에 문제가 있다면 이를 중지하거나 다른 운동으로 바꾸어야 할 것이다.

(6) 당뇨병

남자 당뇨병 환자의 거의 50%가 발기부전이라 한다. 오랫동안 혈당치를 제대로 조절하지 못하면 동맥이 폐쇄되어 페니스에 유입되는 혈액의 양이 줄어들 뿐만 아니라 신경의 손상을 입어서 발기가 어렵거나 아예 불가능해질 수도 있다.

그 밖의 요인으로는 만성질환, 뇌졸중, 신장병, 습관성 음주와 흡연 등도 발기부전의 원인이 된다.

7-7 노인의 성

오랫동안 방치된 기기는 그 고유기능을 상실하거나 녹이 슬어 원활한 사용이 어려워진다. 성기도 오랫동안 이완상태로 가동을 아니하면 발기력이 줄어들고 해면체가 섬유화되어 발기부전이 생긴다.

나이가 들면 성의 질과 양이 모두 후퇴하게 되는데 노화에 부수되는 미세 혈류血流의 순환장애로 성의 실행능력과 성적 만족도가 떨어진다. 이 때문에 성적 흥미가 엷어지고 성적 자극에 대한 반응이 둔화되며, 정액량이 줄고, 정액 분출력도 약해진다. 또 사정 후 새로운 성적 자극으로 다시 발기되는데 소요되는 시간도 길어진다.

(1) 규칙적인 활동의 유지

노화가 남녀의 성능을 정지시키는 것은 아니다. 나이가 들수록 신체가 약화되는 것은 피할 수 없지만 성에 대한 관심과 관리를 게을리하지 않는다면 죽는 날까지 현역으로서 넉넉한 공감의 향연을 즐길 수 있다.

남성은 성기를 정적靜的상태로 방치하지 말고 자주 활용하여 동적 존재로 만들면 성기의 사용연한을 연장할 수 있다. 그러기 위해서는 규칙적인 발기로 발기의 기동력과 강직도를 유지하도록 노력해야 한다. 성적 욕구와 규칙적인 성 활동은 필요 충분의 조건이다. 에로틱한 영화나 소설을 자주 보는 것도 도움이 된다. 그리고 파트너로 하여금 성적 흥미를 느끼고 성적 관심을 가질 수 있도록 서로 동기를 부여해야 한다.

여성은 폐경기 후의 관리를 잘하여 윤활유의 분출이 잘되도록 노력해야 하며 그렇지 못할 경우에는 인체에 해가 되지 않는 윤활유를 약국에서 구입하여 사용하도록 한다.

건강관리는 성기의 관리와 직결되는 것이므로 매일 규칙적인 생활 습관과 유산소 운동으로 성능 위험인자로 알려진 당뇨병. 고혈압. 동맥경화증과 같은 성인병을 예방하고 음식조절을 통하여 콜레스톨치를 정상범위 내로 유지해야 하며 습관성 음주벽과 흡연습관도 바꾸어야 한다.

프랑스 노인의 성생활을 소개한 프랑코스코피 2020년판에 따르면 지난 1년간 60~69세의 노인 중 56%, 70세 이상의 노인은 36%가 성 관계를 유지했다고 답변하고 있다. 응답자 중 42%는 최소한 1주일에 1회의 성생활을 즐긴다고 답변했다. 또한 폐경기의 여성 20%가 대체 호르몬 치료를 받고 있는 것으로 나타났다. 이들은 부부생활의 3대 핵심요소로 부드러움, 정절, 사랑을 꼽았다.

(2) 성화性禍의 대비

겨울철이 되면 심혈관에 더 많은 부담을 주어 돌연사突然死가 발생한다. 이는 심한 충격이나 스트레스. 육체피로. 흥분상태에 의해 기존의, 혹은 잠재된 심혈관 질환이 순간적으로 악화되면서 일어난다. 돌연사의 일종인 복상사腹上死는 성교가 끝난 지 몇 시간이 지난 시점에 발생하는 경우가 많고, 특히 수면 중에 사망하는 경우가 대부분이다. 복상사는 생각만큼 드문 현상이 아니라 돌연사 중 1%를 차지하고 있다. 심혈관을 앓고 있는 장노년층은 이와 같은 성화性禍에 대비하여 조심해야 한다.

1) 평소에 혈압조절을 잘한 고혈압 환자, 2층 계단을 오를 때 심한 피로감이나 가슴 통증이 없는 심근경색증 환자는 정상적 성생활을 해도 무방하다.

2) 과음이나 과식을 피해야 하며, 음주. 식사 후 2시간이 지날 때까지는 성교를 피해야 한다.

3) 지나치게 덥거나 추운 날에는 성교를 하지 않는다.

4) 협심증 환자는 성행위 전에 나이트로글리세린을 복용하거나 성교 도중 이용하기 쉬운 장소에 둔다.

5) 성교로 신체적 부담이 느껴지면 체력소모가 적은 체위를 택한다.

6) 극치감 후 맥박과 호흡 상승이 5분 이상 지속되거나 가슴. 목. 팔에 통증 또는 압박감이 있을 때, 또는 성교를 한 다음 날 심한 피로감을 느낄 경우에는 전문의사와 상의해야 한다.

◆ 웃음 마당

　권차우통勸借牛桶: 시골 총각이 소죽통을 빌리려고 이웃집에 갔는데, 주인 과부가 홑치마만 입고 방에서 자고 있었다. 총각이 가까이 가보니 하체가 반쯤 드러나 욕심이 생겨 그만 겁탈하니 여인이 놀라 '너 이렇게 하고도 살아남을 줄 아느냐?'고 호통을 쳤다. 총각은 소죽통을 빌리려고 왔다가 그만 참을성이 없어 일을 저질렀는데 그만 뺄까요? 하니 과부는 총각의 허리를 끌어당기며 '네가 마음대로 넣었다가 또 마음대로 뺀다고?' 하면서 마음껏 즐겼다. 이튿날 과부는 울타리에서 '총각 오늘 또 소죽통을 빌리지 않을래?' 하면서 유혹했다.

제8장 건강관리

8-1 나의 몸은 창조주의 것

나는 어떻게 태어났는가? 많은 정충 가운데 어렵게 목적지에 골인하여 어머니의 좁은 문을 열고 이 세상에 나오면서 기쁨과 슬픔의 함성을 질렀던 것이다. 그러므로 내가 이 세상에 있다는 것은 크나큰 축복을 받은 것이다. 소중한 이 몸은 결코 가볍게 다루어서는 아니되며 잘 보존해야 할 책임이 있는 것이다. 나의 모양이 내가 보기에 마음에 들지 않는다 해도 그것은 오묘한 하나님의 섭리에 의해 창조된 것이므로 우리가 지은 건축물과 같이 뜯어고치는 것은 바람직한 일이 아니다. 다만 우리가 생활해 나가는데 매우 불편을 느낀다면 그것은 고칠 필요가 있지만 함부로 눈. 코의 모양을 바꾸고 유방을 확대하며 종아리의 알통을 없애고 체모가 없다고 심을 필요가 없는 것이다.

우리의 몸은 그릇과 같은 것이어서 조금 흠이 있다손 치더라도 그 속에 아름답고 맛있는 음식을 담으면 누구나 기뻐하고 소유하고 싶어지는 것이다. 그러므로 그릇을 개조하려는 노력보다 좋은 음식을 담으려는 노력, 즉 마음을 풍요롭게 하고 지혜로운 생각을 주입하려는 노력을 한다면 서로 존중하게 되어 사랑이 넘치게 될 것이다.

몸을 개조한 뒤에는 여러 가지 부작용이 뒤따르기 마련인데 그 현황을 알아보기로 한다. 신극선 성형외과에서 2020년 12월부터 1년간 찾아온 환자 300명의 성형수술의 부작용을 분석했는데, 그 중 눈 성형이 전체 환자의 50%를 점하고 그 다음이 코 성형 22%, 유방 성형 10%, 지방흡입 10%, 안면 윤곽 교정 5%로 나타났다. 가장 많은 눈 성형의 부작용 내용을 세분하면 성형 수술 후 눈이 짝짝이가 되었다는 경우가 가장 많고 그 다음이 쌍꺼풀이 너무 크게 된 것, 눈이 감아지지 않는 순서이다. 코의 경우는 코끝에 구멍이 나기 직전인 상태가 가장 많았고 코가 비뚤어졌다, 너무 높다, 피부가 변색 되었다는 순이다. 유방 성형은 유방이 딱딱해졌다는 호소가 많았고 유방 확대를 위해 삽입한 백의 위치가 비정상적인 경우가 그 다음이었다.

8-2 스트레스 정복

스트레스라는 말은 원래 공학용어로서 '뒤틀림'이라는 뜻을 가지고 있지만, 지금은 누구나 다 알고 있는 의학 또는 의료용어로 정착되었다. 스트레스는 혈압을 상승시키는 등 뇌혈관 장애를 일으키며 암의 원인이 된다고도 한다. 현대인의 불치병인 암과 끊을 수 없는 못된 인연, 즉 무서운 이유가 있기 때문에 그냥 넘길 수 없는 우리의 관심사인 것이다.

스트레스에 가장 약한 사람은 책임감이 뛰어나 자신의 일에 최선을 다하고 성실하게 사는 사람들이다. 맡은 일을 철저하게 하려고 하기 때문에 정신적 긴장으로 끊임없이 스트레스가 쌓이게 되는 것이다. 결국 여유가 없어지기 때문에 일이 잘 안 되면 불안해하고 견디기가 힘들어지는 상황에 빠지게 되는 것이다.

또한 주변 사람들이나 세상에 대하여, 자기 자신에 대하여 부정적인 사람이나 자신이 하는 일은 무엇이든 잘 안 된다는 선입견을 가지고 있는 사람들도 스트레스를 잘 받는다. 욕구수준이 매우 높고 외향적이면서 충동적인 경향이 많은 사람도 스트레스를 잘 받는다.

스트레스를 이기려면 신체 상태를 최상의 컨디션으로 유지해야 하는 것이 우선 과제이다. 이를 위해서는 충분한 숙면을 취하고 당분이 많은 음식이나 알코올, 카페인 등이 들어있는 음식을 피하고 비타민이나 미네랄을 충분히 섭취한다. 그리고 심장의 박동수를 증가시키는 걷기나 뛰는 운동도 필요하다. 그 밖에 스트레스와 친숙해지도록 힘써서 겁내지 말아야 하고 휴일에는 피로를 회복하기 위해서 평소와 다르게 지내며, 한편 역설적으로 극도의 스트레스가 인간에게 외계에 대한 저항력이나 지혜를 주었던 사실을 상기하여 적당한 긴장감도 인간이 건강하고 의욕적으로 살아가기 위해서는 필수 불가결한 요소로 생각하고 오히려 내편으로 만드는 것이다. 스트레스를 푸는데 효과적인 단계를 소개하면 다음과 같다.

(1) 목표를 설정한다.

맨 처음에는 현실적이고 구체적인 목표를 설정한다. 그 다음에는 지금 할 수 있는 일들을 구체적으로 계획하고 한 단계씩 진행시킨다.

(2) 심신을 이완시킨다

하루 중 단 몇 분이라도 모든 것을 잊고 몸과 마음을 충분히 이완시키는 시간을 갖는다. 아예 핸드폰도 던져놓고 음악을 듣는다든지 가벼운 잡지나 만화를 읽는다.

(3) 대화를 한다

마음이 답답해 정말 견디기 힘든 때에는 대화할 수 있는 사람을 찾아본다. 친구에게 전화를 걸거나 만나서 한바탕 떠들고 나면 정서적 안정을 얻을 수 있다. 다만 남을 악평하지 말아야 한다. 대화를 나누다 보면 친지의 이름이 오르내리다가 악평을 하는 일도 생기는데 그 말이 이전하여 적을 만들게 되고 다시 자신에게 돌아와 괴로워지게 된다. 그렇게 되면 스트레스를 해소하려다가 더 부가시키는 결과를 가져온다.

(4) 자신에게 몰두한다.

자신만의 일상생활 패턴을 창조한다. 운동을 하거나 책을 읽거나 좋아하는 일에 몰두하는 시간을 만든다.

(5) 긍정적으로 전환한다.

자신과 남의 좋은 점들을 발견하도록 노력하며 그 점을 칭찬한다.

(6) 즐겁게 일한다.

즐거운 마음으로 일을 진행한다. 짜증을 내고 화를 내가며 일하는 것보다는 이왕에 해야 할 일을 긍정적이고 적극적인 자세로 처리해 나간다.

◆ 포인트 : 스트레스 해결사례

1) 친구와 만나 수다 떨고 안 될 때에는 혼잣말을 한다.

2) 하루 종일 자고 일어난다.

3) 갑갑하다고 느껴질 때 대청소를 한다.

4) 뜨거운 물에 몸을 푹 담그고 심신의 피로를 푼다.

5) 일 없이 낯선 거리를 걸어간다.

8-3 불로장생법

　쭈글쭈글한 50대와 아직도 팽팽한 70대. 기름치고 닦고 조인 차가 오래 쓰듯이 사람의 몸도 관리하기에 따라 그 성능이 달라진다. 노화학자들은 인간 수명의 70%는 개인의 행동이나 습관 등 환경적 요인에 의해 결정됨으로 호적에 있는 나이는 별 의미가 없다고 말한다. 정작 중요한 것은 그 사람의 전반적인 건강상태를 반영하는 생물학적 나이 또는 생체나이라는 것이다.

　미국의 시카고 프리츠크 의과대학 마이클 로이젠 교수는 25,000여건의 임상연구를 토대로 질병-유전-습관-환경 등 인간 수명에 영향을 미치는 125가지 기준을 설정하여 생체나이를 계산해 냈다. 다음은 로이젠 교수가 개설한 인터넷 사이트에서 소개한 젊어지는 비법 12가지다.

(1) 젊어지는 비법

1) 비타민을 복용한다.

　비타민C(1200㎎/일),　비타민E(400IU/일),　비타민D(400IU/일,

비타민B6(6㎎/일),칼슘(1000~200㎎/일), 엽산(400mcg/일)을 꾸준히 복용하면 6년 젊어진다.

특히 비타민C(Ascorbic acid)에 대하여는 서울 의대 이왕재 교수가 10여 년의 연구와 복용을 통해 감기, 동맥경화, 당뇨병, 노화 등의 예방에 크게 기능하며 과용이나 사용에 의한 의미있는 부작용은 보고된 바 없다고 지적하면서 70kg 체중의 남녀는 1일 8~10g의 다량 섭취를 권장하고 있다. 이를 복용함에 있어서는 반드시 식사와 동시에 1일 4회 정도로 나누어서 복용하도록 요령을 제시하고 있다. 이에 관심 있는 독자는 이왕재 교수가 쓴 '비타민C가 보이면 건강이 보인다.'라는 책을 읽기 바란다.

2) 담배를 끊는다.

담배를 끊으면 8년 젊어진다. 간접흡연도 피하라.

3) 혈압을 관리한다.

혈압을 적정 수준으로 잘 관리하면 고혈압환자(160/90 이상)에 비해 25년 젊어진다.

4) 치아와 잇몸을 건강하게 유지한다.

6.2년 젊어진다.

5) 운동을 한다.

3박자 운동(유산소운동, 근육운동, 지구력운동)을 꾸준히 하면 9년 젊어진다. 하루 20분씩만 걸어도 5년 젊어진다.

6) 안전벨트를 맨다.

안전벨트로 상징되는 안전의식은 생명을 3.4년 연장시킨다.

7) 성생활을 즐긴다.

단일한 상대방과 건전한 성생활을 하면 최소 1.6년, 최대 8년 젊어진다..

8) 건강상태를 항상 점검한다.

만성질환을 잘 관리하고 수준 높은 의료혜택을 받으면 12년 젊어진다.

9) 진짜나이 테스트를 받는다.

'진짜나이' 사이트에 소개되어 있는 '진짜나이 테스트'를 받고 그 결과에 따라 행동하면 26년 젊어진다.

10) 호르몬 대체요법을 받는다.

폐경기 여성은 의사의 지시에 따라 여성 호르몬을 꾸준히 투여하면 8년 젊어진다.

11) 평생 공부하는 자세를 갖는다.

평생 동안 지적활동을 하는 사람은 2.4년 젊어진다.

12) 스트레스를 줄인다.

스트레스를 받으면 32년 늙어진다. 11가지 비법으로 생체나이를 줄여봤자 스트레스를 해소하지 못하면 오히려 마이너스가 된다.

이러한 노력들은 우리의 평균수명을 증가시켜 우리의 소망을 이루는데 한 몫을 하지만 고령화 사회를 만들게 되어 새로운 과제들을 안겨주게 되었다.

한국인의 평균수명 및 추이

연도별	남자	여자	평균 (세)
2020	77.5	84.1	80.7
2030	78.4	84.8	81.5
2050	82.9	88.9	88.0
자료: 통계청 장래인구추계 2020			

(2) 건강나이 간이계산법

인제의대 김철환 교수는 위의 건강법과 생명통계 등을 기초로 건강나이 간이 계산법을 개발했는데 이를 소개하면 다음과 같다.

1) 식생활(해당 항목이 4개면 -4세, 2~3 →2, 1 →+2, 0 →+4)
. 항상 싱겁게 먹는다.
. 신선한 과일이나 채소를 1주일에 5회 이상 먹는다.
. 검게 태운 음식을 먹지 않는다.
. 식사를 규칙적으로 한다.

2) 운동
. 평균 1주일에 3회 이상 운동 →-2
. 운동을 전혀 안하거나 월 3회 미만 →+2
. 기타 →0

3) 흡연량
. 전혀 피운 적이 없거나 10년 전에 끊었다 →0
. 5년 전에 끊었다 →+0.5

. 1개월~5년 전에 끊었다 →+1

. 하루 1갑 미만 →+3

. 하루 1갑 이상 →+5

4) 음주량

. 전혀 마시지 않는다 →0

. 평균 1주일에 2회 이하, 한 번에 소주 2홉 반병 이하 →-1

. 평균 1주일에 3회 이상, 한 번에 소주 2홉 1병 이상 →+3

. 위 둘의 중간 →+1

5) 지난 1개월간의 스트레스

(해당 항목이 1개 이하 →-2, 2개 →0, 3개 →+2, 4~5개 →+4)

. 정신적으로나 육체적으로 감당하기 힘든 어려움을 여러 번 겪었다

. 내 자신의 삶의 방식대로 살려다 여러 번 좌절을 느꼈다

. 인간으로서의 기본적인 욕구도 충족되지 않는다고 느낀 적이 여러 번 있다

. 미래에 대해 불확실하다고 느끼고 있다

. 할 일이 너무 많아 때로는 중요한 일을 잊기도 하고, 할 수 없을 때도 있다.

6) 직업의 위험도

. 일이 위험하지 않다 →-1

. 일이 약간 위험하다 →+1

. 일이 위험하고 사고 가능성이 항상 있다 →+2

7) 운전 및 안전습관

. 안전띠를 항상 착용하고, 일을 할 때마다 안전에 주의한다.→-1

. 위 두 항목 중 한 가지만 해당된다.→0

. 위 두 항목 중 두 가지 모두 해당 안 된다.→+1

8) 건강검진

. 2년에 1회 이상 받는다 →-2

. 전혀 받지 않는다 →+2

. 기타 →0

9) B형 간염 혹은 바이러스 보유

. 그렇다 →+3

. 아니다 →0

. 모른다 →+1

10) 비만도(이상체중은 키〈cm〉에서 110을 뺀 뒤 0.9를 곱한 값, 155cm 이 하의 여성은 키에서 100을 뺀 값)

. 표준체중(이상체중의 90~110%) →-1

. 과체중 혹은 저체중(이상체중의 110~119%, 80~90%) →+1

. 비만 혹은 심한 저체중(이상체중의 120% 이상 또는 80% 미만) →+4

◆ 포인트: 장수10계명(100세를 사는 사람들)

1) 무조건 소식小食을 하지 말고, 젊었을 때보다 적게 먹어라.

2) 어떻게 먹느냐가 중요하다. 정해진 시간에 일정한 양만 먹어라.

3) 튀김 음식을 피하고, 짠 음식을 멀리하라.

4) 간염·당뇨병을 조심하라. 100세인은 간염·당뇨병이 없다.

5) 일하는 사람의 평균 수명은 노는 사람보다 14년 길다.

6) 자식에게 의존하지 말라. 문제는 자신이다.

7) 바쁜 노인은 치매가 없다. 끊임없이 책을 읽고 대화하라.

8) 시계추처럼 살아라. 규칙적인 기상·식사·노동·취침이 건강비결이다.

9) 친구를 많이 사귀어라. 외로움은 장수의 적이다.

10) 등산은 장수운동이다. 중산간中山間 지역에 장수 마을이 많다.

8-4 걷기 운동

가족이 할 수 있는 운동으로는 걷기 운동, 등산, 배드민턴, 탁구, 테니스, 수영, 아령 등 많이 있는데 걷기 운동을 제외하고는 모두 장비가 필요하거나 장소가 필요하여 약간의 제약을 받는다. 이 운동은 젊은 층으로부터 노년에 이르기까지 누구나 할 수 있는 가장 간편한 운동이고 부부가 함께 이야기를 나눌 수 있어 부부에게 가장 좋은 운동이다. 불로장생법 5조에 따르면 하루 20분만 걸어도 5년은 젊어진다고 하니 해볼 만한 운동이다. 우리나라 걷기협회(회장: 연세대학교가정의학과 윤방부교수)가 권장하는 운동요령을 소개한다.

(1) 바른 자세로 걷는다

걷기 전에 간단한 맨손체조 등의 준비운동을 5~10분 정도하고 출발하고 떠난다. 기본적으로 등을 곧게 펴고 복부와 턱을 끌어당긴 자세를 취한다. 시선은 언제나 정면을 바라보고 팔은 앞뒤로 크게 흔들며 걷는다. 걷는 도중의 호흡은 코로 들이쉬고 입으로 내쉬도록 한다.

다리는 마치 허리에서 시작되는 느낌으로 허리를 축으로 곧게 뻗으며 앞으로 걸어 나간다. 그렇게 하면 자연스럽게 엉덩이 부분이 들리면서 속도가 난다. 또 다리는 양 무릎이 스칠 정도로 거의 일자에 가깝게 이동시킨다.

팔은 90도 각도로 구부리고 어깨를 축으로 앞뒤로 움직인다. 달리기 할 때의 팔 동작과 거의 같다. 주먹은 가볍게 쥐고 가슴 중심선을 중심으로 조금씩 교차되는 정도로 움직인다. 주먹과 가슴 사이의 거리가 30cm 이상 떨어지지 않도록 한다. 그냥 매달려 있는 것처럼 힘이 없으면 안 된다. 또 팔을 양 옆 좌우로 흔들어서도 안 된다.

걸을 때 유의할 점은 보폭을 크게 늘리려는 욕구를 참아야 한다. 더 빨리 가려면 짧고 빠른 발걸음을 유지하는 것이 오래 걷는 요령이다.

(2) 매일 걷는다

걷기는 하루 15~20분 걷기부터 시작하여 익숙해지면 5~10분씩 늘려간다. 빈도는 1주일에 3~4회로 하다가 매일 걷는 습관을 붙인다. 걷기에 익숙해지면 30분 이상 걷는 것이 가장 좋으며 최대시간은 60분까지로 한다. 그 이상 걸으면 허리나 발의 관절이 상하기 쉽다. 만일 걷기가 익숙하지 않거나 숨이 차서 걷지 못할 경우에는 속도를 조금 늦추고 걷는 거리를 좀 더 멀리한다.

(3) 걷는 방법

1) 빨리 걷기

걷는 폭을 크게 하고 팔다리를 빨리 움직이면 심장 박동수를 높일 수 있다. 움직이는 속도를 빨리 하기 위해서는 발로 땅을 강하게 밀어야 한다.

2) 뒤로 걷기

무릎이 아프거나 걷기가 불편한 사람에게 아주 좋은 걷기 방식이다. 앞 발꿈치가 땅에 먼저 닿으므로 무릎에 충격을 줄이는 동시에 무릎 주위의 근육과 인대를 강하게 해준다. 특히 경사진 오솔길에서 효과적이다. 앞 발꿈치가 당에 닿으면서 체중에 의한 충격을 흡수한다.

3) 아령 들고 걷기

걷는 동안 일정한 무게의 아령을 들거나 다리에 모래주머니를 달고 걷는 방식이다. 신체에 붙이는 모래주머니보다 손에 쥘 수 있는 아령이 운동효과가 좋다. 특정부위의 관절에 무리할 정도로 무거운 것을 들거나 오래 운동하는 것은 피하는 것이 좋다.

4) 트레드밀 걷기

실내운동을 좋아하는 사람에게 적당한 운동방식이다. 모터가 있는 트레드밀(러닝머신)은 편안한 느낌을 주고 일정한 속도를 유지할 수 있다. 러닝머신의 기울기를 5도 정도 유지하여 3~5km 정도 뒤로 걸으면 무릎 근육이 강화된다. 특히 비만인과 무릎이 시린 사람에게 효과가 많다.

(4) 새로운 코스를 개발한다

매일 같은 코스를 걸으면 지루한 감이 있으므로 새로운 코스를 물색하도록 한다. 가옥구조를 감상하기 좋은 코스, 유적지를 끼고 있는 코스, 자연경관이 좋은 코스 등 몇 개를 정해 놓고 바꾸어가며 걷는다. 한 달에 1~2회 정도는 집을 멀리 떠나 계곡이나 오지를 부부가 함께 걷는다면 더욱 즐겁고 로맨틱한 운동이 될 것이다.

(5) 효과

근육은 사용할수록 단단해지고 튼튼해지는 것처럼 뼈도 자극을 받을수록 골 밀도가 증가해 단단해진다. 뼛속의 단단한 부분인 골질의 양은 이처럼 운동과 직접적인 관련이 있는데, 뼈에 자극을 주게 되면 뼈의 칼슘 수요가 늘어나서 칼슘이 뼛속으로 빨리 흡수되는 것이다. 즉 정기적이고 꾸준한 운동은 뼈에 일정한 자극을 주어 튼튼히 할 수 있으므로 걷기 운동이야말로 뼈에 가장 좋은 운동이라 하겠다.

세계보건기구(WHO)는 2002년 4월 '건강을 위한 운동(Move for Health)'이라는 권고문의 발표에서 매년 운동부족으로 200만 명이 당뇨, 심장병, 뇌졸중 등으로 사망하고 있으며, 또한 심장질환 등 운동부족이 원인이 된 질병으로 3000만 명이 죽고 있다고 지적하면서, 하루 30분씩 가벼운 운동만으로도 충분한 효과를 볼 수 있고 이러한 위험에서 벗어날 수 있다고 밝혔다. WHO는 운동을 하기 위해 값비싼 체육관에 등록할 필요는 없으며 단지 걷기 운동이나 계단 오르기, 춤을 추는 정도로도 충분하다고 말했다.

8-5 건강의 쉬운 비결

건강이란 자기 몸의 각 기관의 기능이 정상적으로 활동하는 것을 말한다. 이는 또 정신건강과 육체의 건강으로 대별할 수 있는데 이 모두를 유지하기 위해서는 끊임없이 연료를 공급해야 한다. 육체는 한 사람도 빠짐없이 매일 정기적으로 부족함이 없이 음식물을 공급하고 있는데 정신에는 매일 정기적으로 연료를 공급하지 않고 있어 부족현상을 나타내고 있다.

(1) 육체건강

육체건강의 비결은 한마디로 많은 사람이 채택하고 있는 방법을 따라하면 되는 것이다. 여러 가지 학설과 의견을 내놓고 있지만 그것은 부분적인 결함의 보충법이지 일반적인 대책은 못된다.

구체적으로 말하면 하루 세 번 정기적으로 정량을 우리가 먹는 밥을 맛있게 잘 먹으면 되는 것이다. 돈을 많이 번 어떤 사장은 식사할 때마다 짜증이 난다고 하는데 그것은 때마다 포식하기 때문이다. 맛있게 잘 먹으려면 담아주는 밥에서 한 숟가락 적게 먹는다. 그러면 언제나 배고픈 상태이므로 밥상을 대하면 짜증이 나지 않고 맛이 있는 것이다. 군인은 밥을 잘 먹는다. 그들은 정시에 정량을 먹고 열심히 훈련을 하기 때문이다.

반찬은 철 따라 많이 생산되는 것을 많이 먹는다. 사과가 많이 날 때는 사과를 많이 싼값으로 먹고 고등어가 많이 잡힐 때는 고등어를 싼값으로 많이 먹는다. 자연에 순응하는 방법, 이 방법은 의사들이 진정으로 권하는 방법인 것이다. 요즘 아침 식사를 하지 않는 것이 건강에 좋다는 권고가 있는데 만일 이것이 입증된 사실이라면 모든 군인에게 1일 2식을 제공하도록 국방부에 제안해야 할 획기적인 사건이 되는 것이다.

여성의 경우 피부의 관리에 있어서 찜질방이 좋다, 싸우나가 좋다고 하지만 우리의 몸이 강철이 아니므로 열과 냉으로 급격한 온도를 가하여 고통을 줄 이유가 없고 우리 몸에 적당한 온수로 샤워를 하는 것이 가장 좋은 방법이다.

(2) 정신건강

육체는 살아있어도 의사표시를 하지 못하는 사람을 식물인간이라고 한다. 우리의 정신에 사상 또는 지능이라는 연료를 공급하지 못하면 점점 식물인간이 되어갈 수밖에 없는 것이다. 그러므로 정신건강을 유지하기 위한 방법으로 성장기에는 정규교육과정을 통하여 정신연료를 공급하고 있고 그다음에는 각자의 선택에 따라 이른바 사회교육이라는 연료를 공급받고 있는 것이다. 이 과정을 통해서 같은 고등학교 동창이라도 많은 편차와 우열이 생겨 얼굴 모습까지 변하게 되는 것이다. 그런데 인간은 피조물이어서 항상 능동적이지 못하고 간섭을 받으며 환경에 밀려 움직이게 된다. 물론 의지意志라는 것이 있지만 이것 역시 혼자 힘으로 달성되지 못하고 주위의 협력과 동조로 이루어지게 된다. 특히 노년기의 부부, 짝을 잃은 부부에게 엄습하는 고독은 정신건강에 큰 타격을 주어 우울증, 치매 등을 촉진시킨다.

그러므로 계속적인 간섭 즉, 계속적인 연료공급을 받기 위해서는 종교를 갖는 것이 중요하다. 종교는 정신건강을 유지하는 연료를 계속적이고도 정기적으로 죽을 때까지 공급해 주기 때문이다.

간섭을 받지 않고 자의적으로 할 수 있는 충전은 평생교육기관을 통해 받는 것이다. 집 근처의 노인복지회관에서는 60세 이상의 노인을 대상으로 무료로 컴퓨터. 서예 등 각종 취미. 문화강좌 등을 개설하고 있다. 전국의 3백여 대학은 평생교육원을 개설하고 일반 교양강좌로부터 전공별 강의인 댄스스포츠, 패션디자인에 이르기까지 그 과정이 다양하다. 특별한 자격제한은 없고 나라에서 주는 배움카드를 이용하면 된다. 그리고 인터넷으로 공부하는 사이버대학교도 있다. 자세한 정보는 한국대학교육협의회 대학입학정보 홈페이지 www.univ.kcue.or.kr 에서 찾아 볼 수 있다.

'돈을 잃은 것은 조금 잃은 것이고 명예를 잃은 것은 많은 것을 잃은 것이며 건강을 잃은 것은 모두 다 잃은 것이다.'

8-6 건망증 대처법

(1) 건망증은 건강을 위해 걸린다

중년에 접어들면서 대개 건망증이라는 질병에 걸린다. 건망증으로 인해 부부는 자주 말다툼을 하게 된다.

"여보, 화장실의 불 끄는 것은 고사하고 세면대의 수도꼭지도 잠그지 않았구려." 어떤 때는 변기의 물 내리는 것도 잊을 때가 있다. 시장에 가서 사야 할 물건은 사오지 않고 엉뚱한 것을 사와서 다시 가야 할 때도 있다.

그러나 건망증은 건강하게 살아남기 위한 뇌의 지혜이기도 하다. 망각은 기억만큼이나 중요한 생리적 현상이라고 전문의들은 말한다. 우리가 일상 경험하는 일들은 작은 뇌의 기억회로를 차지하기 위해 서로 경쟁하는데 이 중 중요한 것이 자리잡기 위해서는 덜 중요한 것이 자리를 비켜주어야 한다는 것이다. 기억과 망각은 씨줄과 날줄처럼 그 사람의 바탕을 형성하는 것으로 우리는 외울 줄도 알아야 하지만 잊어버릴 줄도 알아야 한다는 것이다. 그러므로 건망증은 너무 심각하게 염려하고 우울해질 것이 아니라 생활의 이벤트로 여기고 웃어 넘기는 아량도 필요한 것이다. 사소한 기억을 많이 하고 잊어버리지 않는 사람은 잘 잊어버리는 사람보다 스트레스를 많이 받는다.

(2) 건망증을 예방, 치료한다

건망증의 증세가 어느 정도인지 부부가 함께 판단하여 심하면 전문의사의 치료를 받아야 하겠지만 경증일 때는 자신이 이에 대처하면 염려할 것이 없다. 이를 염려할 때 오히려 그 증상은 심해질 수도 있기 때문이다. 몇 가지 예방책과 대책을 생각해 보기로 한다.

1) 모든 약속과 행사는 메모한다.

집안에서는 네모 칸에 날짜만 있는 달력을 이용하거나 월중행사 계획표 보드를 걸어 놓고 기록한다.

2) 메모장은 하나로 통일한다.

여기 저기 써 두면 안 한 것과 마찬가지다. 휴대용 수첩이나 휴대용 업무일지 하나에 모든 것을 기록하여 출타 중일 때는 전적으로 이것에 의지한다.

3) 감독 노릇은 하지 않는다

가족들에게 자기 일은 자기가 알아서 처리하도록 맡겨둔다.

4) 할 수 없는 일은 딱 잘라서 거절한다

미적지근하게 허락해 놓고 걱정거리가 되어 이것만 생각하다가 다른 일을 하지 못하는 우를 범하지 않는다.

5) 쓰레기를 바로 버리지 않는다.

무의식중에 버린 전화번호 메모지 등 찾아볼 필요가 생길 수도 있다. 쓰레기봉투에 담아 두었다가 2,3일 후에 버린다 .

6) 당장 해야 할 일을 미루지 않는다.

몸이 불편하더라도 할 일은 해치워야 하지 않은 일 때문에 생각하고 걱정하는 부담이 없다 .

7) 항상 수첩과 펜을 휴대한다

갑자기 생각나는 일은 언제나 즉석에서 메모를 한다. 시장 갈 때도 사야 할 물건의 목록을 꼼꼼히 적어 둔다.

8-7 두피. 모발 관리법

(1) 탈모의 원인

과다한 스트레스와 공해, 식생활의 서구화, 유전적 성향 등이 가장 중요한 탈모촉진 인자들이다. 대머리가 되는데는 이 가운데 유전적 성향이 가장 많다. 그러나 두피頭皮와 모발毛髮을 잘 관리하면 유전자의 발현시기, 즉 대머리가 되는 시기를 얼마든지 늦출 수 있다. 가족 중 대머리가 있는 집안은 대머리의 원인이 되는 남성호르몬의 분비가 가장 왕성한 18~26세 때부터 철저하게 두피를 관리해야 한다. 한편 여성의 경우는 빈혈, 영양불균형, 다이어트, 임신, 출산, 피임약 오용 등이 탈모의 원인이 될 수 있다. 특히 잦은 염색과 파마는 두피를 손상시킬 뿐만 아니라 탈모를 촉진시킨다.

(2) 머리감기와 모자쓰기

머리를 자주 감거나 모자를 쓰면 탈모가 촉진된다고 믿고 있는 사람이 많다. 머리를 감을 때 빠지는 머리카락은 휴지기休止期의 머리카락이므로 전혀 걱정할 필요가 없고 머리카락은 얼마나 빠지느냐보다 얼마나 새로 많이 새로 생겨나느냐가 중요하다. 남성의 경우 두피의 피지皮脂 분비가 활발하므로 적어도 하루에 한 번은 머리를 감아야 한다. 또 모자를 쓴다고 탈모가 촉진되지는 않는다. 그러나 여름철같이 땀이 계속 머리에 남아서 통풍이 잘 안 되는 경우에는 두피에 노폐물이 쌓이게 되므로 가급적 모자를 쓰지 않는 것이 좋다.

(3) 비누와 샴푸와 린스

비누는 얼굴과 몸을 위한 세정제이므로 머리를 감는 것은 좋지 않다. 비누로 머리를 감으면 비누 성분이 두피에 남아서 비누막을 형성하며 계속 쌓일 경우 탈모의 원인이 된다.

샴푸는 두피와 모발을 위한 세정제이므로 두피에 쌓인 기름과 각질과 같은 노폐물을 씻어낸다. 자기의 모발에 맞는 샴푸를 선택하여 충분히 씻어내고 린스(컨디셔너)로 헹구어내야 한다. 린스는 두피용이 아니라 모발용이므로 머리끝에만 살짝 바른 뒤 완전히 헹구어야 한다. 린스는 모발 영양제가 아니므로 완전히 헹구어내지 않으면 두피에 남아 염증을 일으킬 수도 있으므로 주의해야 한다.

(4) 두피 마사지와 머리 빗질

두피의 혈액순환 촉진을 위하여 빗등으로 두피를 두드리는 사람이 있는데 날카로운 빗은 두피를 손상시킬 염려가 있고 두피의 피지선을 지나치게 자극하여 두피에 기름기를 많이 쌓이게 하므로 좋지 않은 방법이다. 다만 두피의 혈행血行을 위해 부드럽게 마사지하는 것이 좋다.

빗은 끝이 날카롭지 않은 둥근 빗을 사용해야 하며 정수리 부분이 아닌 양 귀 옆부터 시작하여 정수리를 향해 위로 올려 빗는 것이 좋다. 양 귀 옆과 목 부분에서 각각 열 번씩 머리를 올려 빗은 후 손으로 모양을 다듬는 것이 좋다. 민감한 효소들이 많이 몰려있는 정수리 부분에서 빗질을 시작하면 피지선을 자극하여 피지가 과도하게 분비될 수 있기 때문이다. 이상은 두피모발 관리학(Tricology)을 전공한 전문직업인 마이클 번스타인씨의 권고사항이다.

(5) 머리염색의 유해성

머리염색이 일반화되어 시각적인 거부반응은 많이 사라졌으나 염색과정에서 모발과 두피의 손상은 물론 두피를 통하여 직. 간접적으로 DNA를 손상시킨다는 고려대 의대의 연구결과가 발표되어 큰 충격을 주고 있다. 지적된 유해성을 소개하면, 탈색과 염색과정에서 암모니아, 과산화수소, 때로는 과황산 암모늄과 같은 피부에 자극성이 강한 화학물질을 사용한다는 것이다. 더욱이 대부분의 미용실은 이 화학반응시간을 단축하려고 전열기구들을 과도하게 사용하여 이에서 발사되는 고열이 비닐과 염료에 가해짐에 따라 환경호르몬을 비롯한 여러 종류의 유해 화학물질을 발생시키며, 이 유해물질은 호흡기를 통하여 자신의 폐로 흡입되거나 두피조직을 통하여 머리로 흡수될 수 있다는 것이다. 그러므로 아름다움을 쫓다가 소중한 건강을 잃지 않도록 생각해야 할 일이다.

8-8 목욕하는 요령

목욕은 몸을 씻는 것이므로 별다른 요령이 필요 없다고 생각하는 사람도 있을 것이다. 그러나 길거리에 나붙어 있는 찜질방, 싸우나, 해수탕 등의 간판을 보면 목욕방법도 여러 가지라는 것을 알 수 있고 건강과 피부에, 또는 다이어트에 매우 좋은 효능을 주는 것이라고 선전하고 있다. 의학적인 상식이 없으면, 선전문에 현혹되어 오히려 역효과를 나타낼 수도 있다. 연세대학교 가정의학과장 윤방부 교수의 특강 내용을 소개하면서 올바른 목욕법을 생각해 보기로 한다.

"여러분! 열사병이 무엇이냐 하면, 뜨거운 날 뜨거운데 가서 땀 흘려 탈수되어 죽는 것이 열사병입니다. 싸우나가 열사병과 같은 것인데, 자진해서 열사병에 걸릴 이유가 무엇인지 이해할 수가 없습니다.

냉탕 온탕은 왜 번갈아 가면서 뛰어다니는지 알 수가 없어요. 시원해서 그렇게 하는지는 모르지만 그분들의 피부는 정신이 없어서 간질병에 걸릴 것입니다. 그리고 반신욕半身浴이라고 하는 것이 좋다고들 하는데, 그것도 이해가 가지 않습니다. 선진국 국민들은 간단히 샤워만 하고 말지요.

때를 미는 방법도 이태리 수건으로 이를 악물고 온몸을 문지르고 있는데, 때라는 것이 피부의 껍질이므로 껍질이 다 없어지는 것입니다. 피부는 기름기가 있을 때 가장 건강한 것이니 제발 문지르지 말기 바랍니다."

강한 강철을 만들 때는 열을 가하여 두들기고 냉수에 담그는 일을 되풀이하지만 인체는 그럴 필요가 없다. 피부는 또 고기비늘과 같이 결이 있어서 결대로 미는 것이 좋다. 몸을 너무 뜨겁게 하거나 차게 할 필요가 없으므로 물의 온도를 체온에 맞추어 수건에 비누칠하여 가볍게 문지르고 샤워로 씻어내면 가장 이상적인 건강목욕이라고 생각되는 것이다.

목욕은 피로를 빨리 가시게 하는 유효한 방법이기도 한데, 더운 목욕은 스트레스가 되어 교감신경을 자극하면서 피로회복에는 연결되지 않고 오히려 역효과를 나타내기도 한다. 긴장감을 풀어주는 것은 부교감신경인데, 미지근한 목욕이 부교감신경을 적당하게 자극하여 교감신경의 우위를 차지하게 되면 피로가 풀리게 된다. 목욕물의 온도는 개인에 따라 다소 다르지만, 대체로 39~39도가 적당하다고 본다.

목욕시간은 목욕 자체가 제법 체력을 소모시키기 때문에 목욕탕에 오래 있는 것은 현명하지 못하며 너무 짧은 것도 효과적이지 못하다. 대략 20~30분 정도가 적당하다고 본다.

8-9 폐경기의 외조

(1) 폐경이란 무엇인가

폐경廢經이란 45세 무렵부터 시작하여 대개 51세 전후에 월경이 영영 멎을 때까지 점점 더 강도가 세어져 가는 일련의 증상을 일으키는 자연스러운 과정을 말한다. 이는 어느 날 아침 일어나자 별안간 깨닫게 되는 증상이 아니라 난소에서 생산되는 호르몬의 양이 줄어드는 정도에 따라서 점진적으로 진행되는 증상이다. 월경이 불규칙적으로 되고, 기간이 짧아지다가 어느 때에 가서 완전히 끝난다. 다른 특별한 이유 없이 열두 달 연속으로 월경이 없으면 완전히 폐경에 도달한 것으로 본다.

(2) 폐경기의 증상들

1) 열감熱感, hot flash

이것은 폐경기에 나타나는 증상 중에서 가장 대표적인 것이다. 전체 여성의 50% 내지 75%에서 이 증상이 나타난다. 피부가 홍조를 띠고 얼굴과 등과 앞가슴에서 땀이 흐르고, 몸이 덥고, 가슴이 두근거린다. 이와 같은 증상이 1분에서 3분 정도 지속되고 그 이후에는 흔히 오한이 온다. 하루에 몇 번씩 되풀이 될 수도 있고, 아주 가끔씩 발생하는 수도 있다. 혹은 몸이 뜨거울 때, 술이나 카페인 음료나 뜨거운 액체를 마시거나, 매운 음식을 먹거나 스트레스를 심하게 주는 상황에 처했을 때에 발생할 가능성이 더욱 높다.

땀이 많이 나는 증상은 정상적인 수면을 방해하여 다음 날에 피로와 짜증을 일으키는 원인이 된다. 열감은 몇 달 동안에서 5년 이상 지속될 수도 있다. 이는 에스트로겐이 부족하여 생기는 증상이다.

2) 질 건조

에스트로겐의 공급이 줄면 질이 건조해지고 짧아지고 좁아지며, 안벽이 얇아져서 쉽게 감염되고 쉽게 상처를 입으며 요실금이 일어난다. 그리하여 성교가 쾌락보다는 고통스러워진다. 그러나 이와 같은 불리한 조건 속에서도 성생활을 활발히 유지하면 질벽의 마모를 최소화할 수 있다. 수성 윤활제나 질 보습크림을 사용하거나 질액의 분비를 촉진하기 위하여 전희를 좀 더 오래 지속하는 방법도 있다.

3) 요실금

이는 폐경기 여성의 25% 내지 50%에서 일어나는 흔하고 짜증스러운 증상이다. 에스트로겐의 공급이 줄면 질과 마찬가지로 비뇨기계의 내벽도 얇아진다. 또한 방광의 기능을 조절하는 골반 근육도 약해진다. 따라서 요도尿道가 소변이 몸으로부터 빠져나가는 것을 막기 위해서 필요로 하는 힘을 잃는다. 그리하여 재채기나 기침을 하거나 운동을 할 때 자기도 모르게 오줌을 싸게 된다. 이는 케켈운동이나 그와 비슷한 운동으로 골반 근육을 강화시킴으로써 나아질 수 있지만 호르몬 보충제가 더욱 효과적이다. 정도가 심하면 패드 같은 것을 사용하면서 의사와 상담하도록 한다.

4) 유방의 늘어짐

유방이 자루처럼 늘어지는데 이것은 선腺 조직이 지방으로 대체되기 때문이다. 이를 최소화하기 위해서는 호르몬 요법을 써야 한다.

그 밖에 모발의 변화, 피부노화, 기분변화, 성욕감퇴, 골다공증, 심장질환, 당뇨병의 증상들이 일어나는데 증세가 심하면 속히 진단을 받도록 한다.

(3) 남편이 도와야 할 일

1) 사추기思秋期를 인정한다.

사춘기 자녀들이 폭발적으로 화를 내거나 턱없는 감정변화를 보일 때 부모가 같이 화를 내지는 않을 것이다. 마찬가지로 아내도 똑같은 신체적 변화를 겪고 있으므로 이를 이해해주고 받아주어야 한다.

2) 저녁시간, 주말을 가끔은 놔주어야 한다.

매일 퇴근한 남편을 집에서 돌봐야 하는 의무감에서 해방시켜 준다. 친구들과 만나서 저녁 늦게까지 마음껏 떠들면서 에드로핀이 나오게 하면 며칠이라도 행복해질 수 있을 것이다. 주말여행도 가끔 하면서 기분전환을 한다.

3) 맛있는 것을 사준다.

맛있는 식사를 하는 것도 좋지만 회사 앞 밥집의 기본점심 김치찌개 백반이라도 사준다. 남편이 보내는 바깥 생활을 아내와 가끔 공유해보도록 한다.

4) 병원에 함께 가준다.

갱년기 클리닉에 함께 가서 질 높은 삶을 누리도록 마음을 쓴다.

5) 잔소리를 중지한다.

집안이 어지럽거나 식사준비가 늦어졌거나 일체 잔소리를 하지 않는다. 아내의 눈에도 다 보이지만 꼼짝하기 싫어서 하지 못하고 있는 것이므로 기분전환이 되면 스스로 처리하도록 방임한다.

8-10 남자의 갱년기

미국의 제드 다이아몬드라는 심리요법사가 34년간 일하면서 중년 남자에 대한 관심을 가지고 '남자의 갱년기'라는 책을 펴냈다. 이 책은 중년 남자의 변화에 대하여 자세히 관찰하고 여러 가지 문제를 제기하고 있지만, 남자에게 갱년기가 있고 없는 것이 중요하다고는 생각하지 않는다. 그것은 각자가 생각하기에 따라서 결정할 일이기 때문이다.

사람이 나이를 먹으면서 노화되는 것은 자연현상임으로 그 노화에 대하여 지나치게 집착할 필요가 없다고 생각하는 사람은 그대로 지나쳐버릴 수 있는 시기에 불과한 것이기 때문이다. 40대 후반이 되면 시력이 나빠져서 안경을 껴야 책을 볼 수 있고 70대가 되면 청력이 떨어져서 보청기를 찾는 것은 지극히 자연스런 현상이고 문제 삼을 일이 아니라고 생각하면 그만인 것이다.

그러나 중년에 접어들면서 여러 가지 전과 다른 변화가 나타나기 때문에 이에 대하여 미리 관심을 가지고 대처해야 할 중요한 문제라고 생각하는 사람은 이에 대하여 적극 개입할 필요가 있을 뿐이다.

(1) 갱년기의 증상

남자와 여자의 갱년기에서 나타나는 중요한 차이점은, 여자에 있어서는 새 생명을 탄생시키는 생물학적 능력이 끝나게 되고 남자는 중년과 그 이후에도 여전히 생물학적 선택을 지니고 지나간다는 것이다. 그러면서도 나타나는 일반적인 징후는 다음과 같다.

1) 부상이나 질병에서 회복되는 시간이 오래 걸린다.

2) 육체적 활동에 대한 지구력이 떨어진다.

3) 자신이 뚱뚱하다거나 살이 찌고 있다고 느낀다.

4) 작은 글씨를 잘 읽지 못한다.

5) 건망증이 생기거나 기억력이 떨어진다.

6) 머리카락이 빠진다.

7) 점점 늙어가는 부모에 대해 걱정한다.

8) 침울해진다.

9) 외로움을 자주 느낀다.

10) 소변이 전보다 자주 마렵다.

11) 성에 대한 흥미가 줄어든다.

12) 성적 변화에 대한 걱정이나 두려움이 커진다.

13) 평소의 상대와 갖는 성관계에 흥미가 줄어든다.

14) 자위행위를 전보다 자주 한다.

15) 성욕 감퇴에 대해 걱정하며, 상대를 만족시키지 못할까봐 걱정한다.

16) 사정력射精力이 약해진다.

17) 성관계 도중에 발기가 끝난다.

18) 오르가즘에 이르지 못한다.

19) 다른 여자와 성관계를 갖는 공상을 전보다 자주 하며 좀더 젊은 여자에 대한 관심이 많아지고 모든 것에서 벗어나고 싶은 충동을 느낀다.

20) 대인 관계에 문제가 많아지고, 성관계와 사랑과 친밀도에 대해 자주 다툰다.

어떤 의사는 요약해서 기억력의 둔화, 우울증과 불만, 불안과 불면, 두려움, 무기력의 다섯 가지를 들기도 한다.

(2) 갱년기의 활용

위와 같은 여러 가지 변화와 증상이 나타나는 것은 사실이지만 그 동안 조상들은 이런 상황을 잘 극복했기 때문에 커다란 사회적 문제는 일어나지 않았다고 보아야 할 것이다. 이러한 육체적, 정서적, 정신적 변화는 모두가 하나님이 주신 선물임으로 이를 겸허하게 받아들이면서 삶의 후반기, 이른바 제2의 인생을 가꾸며 설계한다면 활기찬 만년을 보낼 수 있을 것이다. 몇 가지 방책을 생각해 보기로 한다.

1) 내적 가치를 추구한다.

젊음을 유지하려고 발버둥치는 사람들을 많이 볼 수 있는데, 이것은 건강을 유지하려는 노력과 많은 차이가 있다. 이것은 과욕에 해당하는 것으로서 불만에 빠지거나 젊음의 중독증에 걸리기 쉽다.

그런가 하면 더 빠른 자동차, 더 섹시한 여자, 더 빨리 돈을 버는 일을 좇다가 결국 아무리 많이 가져도 만족하지 못하는 병에 걸리고 만다. 삶의 후반기에 들어서서도 도달할 수 없는 욕망에 사로잡혀 불만과 권태 속에서 서성거리기보다는 제2인생의 목표를 세우고 차분히 이를 다져간다면 오히려 더 풍족한 여생이 될 것이다. 신앙생활을 시작하는 일, 젊어서 하지 못한 일을 완성하는 것, 자서전을 쓰면서 일생을 반성하는 일 등도 목표가 될 것이다.

2) 나이를 초월하고 시간을 초월한다

정신과 육체는 매우 밀접한 상관관계를 가지고 있다. 주관적인 생각과 감정과 욕구, 객관적인 육체는 별개의 것으로 보이지만, 두 흐름은 창조적 원천에서 합쳐지고 만다. 믿음과 생각과 감정은 모든 세포의 생명력을 유지해주는 화학작용을 함으로써 육체를 지탱해준다. 반대로 노쇠한 세포는 생각과 감정, 즉 정신을 약화시킨다. 그러므로 정신세계에서 지적 욕구를 증대시키면 나이를 초월한 육체를 만들어 갈 수 있다. 정신에 있어서 한정된 시간에 연연하다

보면 초조, 불안 등이 괴롭히지만 어떤 목표를 설정하고 움직이면
그 시간을 초월할 수 있다.

3) 두 번째의 친교와 사랑을 한다

은퇴 후에 무엇을 할까 하고 고민하는 사람이 많기는 하지만 각
자의 보람을 찾아 어떤 일에나 매달리고 있고 종일 집에 누워있는
사람은 거의 없다. 갱년기에 접어들면서 왕성한 사회활동과 부부관
계가 주춤해지는데, 이 내리막길을 그대로 방치하며 계속할 것이
아니라 의지력으로 제동을 걸고 다시 산을 향해 오르는 결단을 내
리는 것이다.

벗과의 친교도 이용하려던 생각에서 위로하고 격려하는 차원으
로 승화시켜 더욱 신선한 관계로 발전시키고 부부와의 성생활도
새로운 변화를 시도하여 재가동해 보는 것이다. 낡은 중고차라고
방치할 것이 아니라 모든 녹을 제거하고 불량한 부속을 바꾸거나
손질하면 어느 정도 속력을 낼 수 있고 잘하면 고속도로도 질주할
수 있을 것이다.

심리요법사 제드는 오랜 경험 끝에 갱년기 남성에게 섹스 주술
사가 되라고 권고한다. 그러려면 다음의 7단계를 밟아야 한다는 것
이다.

* 건강하게 살기 위해 잘 먹는다.
* 질병을 예방하기 위해 비타민을 섭취한다.
* 건강을 위해 운동을 한다.
* 약초 요법으로 열정적인 섹스를 즐긴다.
* 자기를 사랑하고 금욕의 즐거움을 누린다.
* 함께 사는 사람을 사랑하는 방법을 배운다.
* 세상에서 가장 훌륭한 치료사를 만날 수 있는 시간이 24시간
  밖에 없다는 것을 인정한다.

4) 마무리 공사를 한다

모든 일에는 마무리가 있다. 광주리를 틀 때, 마무리 작업을 하지 않고 계속 짜 올라가기만 한다면 쓸모 없는 그릇이 되고 말 것이다. 인생도 마무리를 하지 않고 계속 청춘을 유지할 생각으로 계속 틀어 올리면 기형의 인생이 되고 만다. 마무리 작업에는 여러 가지가 있을 것이다. 평생 공들여 쌓아 올린 재산, 애장품과 무형의 가치, 남다른 능력을 처분하거나 활용하는 일, 후손에게 남길 가승보家乘譜를 엮어 보는 일 등도 한 예가 될 것이다.

◆ 웃음마당

- 기생집에서 예절을 따진다. 娼家議禮(창가의례)

- 내 노래를 임자가 부른다. 我歌君唱(아가군창)

- 집을 옮기면서 아내를 잊는다. 徙家忘妻(사가망처)

8-11 중년 이후

'중년이후'라는 제목은 일본 여류작가 소노 아야코씨가 쓰고 오경순 씨가 옮긴 책의 이름이다. 이 제목은 건강관리의 장에 들어갈 내용이 아니라 인생 관리에 들어갈 내용이지만 정신건강을 강조하기 위해 이 장에 편입시켰다. 그가 주장하는 중년기는 삼십대 중반부터 오십대까지로 보고 있다. 물론 각자의 건강 정도와 정신 연령 등에 따라 반론을 말할 수 있지만 그는 상당한 이유를 가지고 있을 것이다. 이 책을 읽은 독자는 이 절을 읽을 필요가 없다. 바쁜 부부를 위해 책을 읽도록 권하는 뜻에서, 잔잔한 감동을 함께 나누기 위해 각 장의 요약을 소개한다.

중년이란, 이 세상에 신도 악마도 없는
단지 인간 그 자체만이 존재한다는 사실을
깨닫게 되는 시기이다.

우리들은 누구나 어릴 때 또는 청춘 시절에
불행이나 탈선 등의 영향으로 상처받으며 성장하게 되지만,

그러한 아픈 상처를 스스로 없애 버리고,
자신의 본연으로 돌아가는 것이 가능한 때가 바로 중년 이후이다.
(출신상의 콤플렉스를 떨쳐버린다)

모든 것에는 시간이 필요한 법이다.
그러므로 중년 이후가 말 그대로 진정한 인생이다.

정의라는 것이 소박한 인간의 행복 앞에서
'과연 그렇게도 중요한 것일까' 하는 생각이 들었다.
그리고 그렇게 생각할 수 있는 것이 중년이다.
성서에서 '디카이오슈네' 라는 그리스어로 표현되는 정의라는 개념은
'신과 인간과의 예절바른 관계'를 의미할 뿐이다.
(정의보다는 자비)

여자든 남자든 어떤 사람을 평가할 때,
외양이 아닌 그 사람의 어디선가 빛나고 있는 정신,
혹은 존재 그 자체를 있는 그대로
받아들일 수 있는 때가 중년이다.
(추한 것, 비참한 것조차 가치 있는 인생)

중년 이후에 처음으로

우리들은 인생의 이런저런 모습으로 구조를 꿰뚫어보는 지식을
쌓게 되고,
그러한 것을 판별해내는 지력을 터득하게 된다.

잃어버리는 것에 대한 준비란,
준비해서 잃어버리지 않도록 하는 것이 아니다.
잃어버린다는 사실을 받아들일 수 있는 마음의 태세를
늘 갖추고 있는 것을 의미한다.

생각해보면, 타인이 육친이 되는 변화란,
거의 기적에 가까운 것이다. 이런 식으로 부모와 사별하는 쓸쓸한
운명을 신이 보상해주는 것이라고 생각하게 된다.
(아내는 눈에 익은 가구와 같은 존재)

죽기 전까지는 꼭 이루어놓고 싶은 것을 위한 돈.
(달인의 조건)

나는 요즈음 중년이 되어 개인적인 생활에서든 직장에서든
언뜻 봐서 손해 보는 일을 자진해서 떠맡을 줄 아는 사람이야말로
매력적인 사람이라는 생각이 든다.
(부모를 부양하는 자식)

타인에 대한 원망 따위를 써놓고 죽어야지 하는 생각은
꿈에도 하지 않을 일이다.

중년 이후에는 자신의 견해, 예측, 희망 등이
어긋날 수 있다는 것을 납득하게 되고, 그러한 과정 속에서
일종의 쾌감을 얻게 되는 것도 가능하게 된다.

자식이란 참 묘하게도 좋게든 나쁘게든 인생을 진하게 만든다.
기쁨도 증오심도 배가시킨다.
이것이 자식이라는 존재가 주는 선물이다.
(자식이 있다는 것의 쓸쓸함과 괴로움)

어느 정도 나이가 들게 되면 이미 겉으로 드러나 보이는
인생의 행. 불행에 대해 정확하게 알 수 있게 된다. 인생이란
물질적으로 풍족하더라도 괴롭고, 부족해도 괴롭다는
사실을 깨닫는 일이다.
(어디에나 지옥과 천국은 있다)

인간은 중년 이후, 육체의 쇠퇴와 더불어
인생의 본질을 발견하는 재능을 터득하게 되는 것이다.

중년이란, 물러설 때를 늘 염두에 두며
살아가야 하는 시기가 아닐까?
언제까지나 자리에 눌러앉아 연연해하며
공해公害 아닌 후해後害를 끼쳐서는 안 된다.
(인생의 안목)

연장자, 중년이 되지 않고서는
'나도 그와 똑같은 일을 저질렀지'
'나도 한때 그랬었지요' 라고 선뜻 말할 수가 없다.
(먼저 일어나 물러가는 연장자)

인생의 최후에 수습이라는 과정을 겪어야
비로소 인간의 본분을 다하는 것이다.
무리 없이, 비참하다고 생각지 않으며,
자신이 이 세상을 하직하게 되는 날을 위해
조금씩 그 준비를 해나가는 것이다.

자신감을 갖고 있으면서
자신감을 갖지 않는 것이 중요하다.
(내가 없더라도 세상은 잘 돌아간다)

우리들은 누구나 써지지 않은 소설을 살아가고 있다.

중년이 되면 써지지 않은 부분도 잘 보이게 된다.

위기관리란 그러한 부분의 극단적인 면을 극단적으로 표현한 것이다.

(위기의 가능성을 안다)

중년 이후는, 어떠한 인생이든 좋지 않은 면도 있고,

나름대로 좋은 면도 있다는 불투명한 인생의 묘미를 느끼게 한다.

그러나 마음만은 두 사람에게 나누어주어도,

반으로 줄어들지 않는 유일한 것이다.

일에서나 취미에서나 자신이 즐길 수 있는

실제 생활의 규모에서나 자신의 힘에 벅차지 않도록,

그 범위를 현실적으로 현명하게 인식하고 결정할 수 있는

기력과 체력은 오직 중년에만 있는 것이다.

너무 빨리 완성되면

죽을 때까지 따분하고 무료해지고 만다.

나는 중년 이후가 되어서야 비로소 이러한 운명의

깊은 배려를 깨달을 수 있었다.

(인간임을 포기하지 않는 사람)

그녀는 일본재단의 국내외 구호활동에 종사하면서 굶주림에 허덕이는 사람들과 권력자들(부자를 포함하여) 사이에서 101개국이나 드나들면서, 인생의 의미, 정의의 의미, 신의 섭리 등에 대하여 고민하며 중년 이후를 보낸 것 같다.

◆ 포인트: 성공적인 노화지침

1) 7~8시간 충분한 수면을 취할 것.

2) 적정 체중을 유지할 것.

3) 규칙적인 운동을 할 것.

4) 음주를 절제할 것.

5) 금연할 것.

6) 아침식사를 거르지 말 것.

7) 간식을 줄일 것.

8) 나이가 들어도 공부를 계속하거나 두뇌활동을 할 것.

9) 사회활동에 적극 참여할 것.

10) 낙관적이고 긍정적인 태도를 가질 것.

〈미국 메사추세츠종합병원 미나커 교수의 권고〉

8-12 회갑잔치

전통적인 회갑잔치가 사회적 환경의 변화로 인하여 그 축복의 정도가 많이 떨어져 이를 기피하는 가정이 많아졌다. 그 이유인즉, 평균 수명이 70이상으로 연장되어 장수의 의미를 찾을 수 없고, 가족계획으로 인한 자녀수의 감소로 흥겨운 잔치의 분위기를 창출할 수 없으며, 어렵고 복잡한 생활 속에서 친지들에게 식사 한 끼 나누자고 불편을 줄 것이 무어냐는 것이다.

그러나 한 부부의 일생을 연속적인 행사라고 간주할 때, 즉 한 쌍의 남녀가 친지들 앞에서 혼인잔치를 통하여 부부로 태어났음을 공표한 바 있고 그리고 줄줄이 자녀들을 키워 돌잔치도 하고 혼인도 시키고 이제 회갑을 맞은 부부가 아무런 인사도 없이 사라진다면, 이것은 예의가 아니다. 친지들 앞에서 마지막으로 감사와 작별의 인사를 고해야 마땅한 일이다. 지금은 칠순잔치가 합리적이라고 주장하는 사람도 있지만 육순도 칠순도 하지 못하고 세상을 뜬 사람도 적지 않은 것이다.

그러므로 잔치의 규모를 알맞게 하여 당사자나 자녀들이 후회하지 않도록 회갑잔치를 치를 필요가 있다. 회갑을 맞이하면서 자녀들과 함께 예로부터 내려오는 나이에 대한 별칭을 알아보도록 하자.

지학志學:　15세에 학문을 닦고 익힐 나이

약관弱冠:　20세에 남자가 관례冠禮, 즉 장가들고 벼슬할 나이

방년芳年:　20세에 여자가 시집갈 꽃다운 나이

입지立志:　30세에 뜻을 세워 출세할 나이

불혹不惑:　40세에 유혹에 넘어가지 않을 나이

지천명知天命:　50세에 하늘의 명과 죽음을 알 나이

이순耳順:　60세로 매사에 귀 기울이고 순리를 따를 나이

고희古稀:　70세로 옛날에는 이만큼 살기가 드물었다는 나이

희수喜壽:　77세로 喜자는 (七七)와 같아 77이라는 뜻

산수傘壽:　80세로 傘자는 (八十)과 같아 80이라는 뜻

망구望九:　81에서 90을 바라본다는 뜻

미수米壽:　88세로 米자는 八十八이라는 뜻

졸수卒壽:　90세로 卒자는 (卆)와 같이 90이라는 뜻

망백望百:　91세에서 백을 바라본다는 뜻

백수白壽:　99세로 百에서 한 획 빠지니 99라는 뜻

백수百壽:　100세로 글자그대로 100세임

향년享年:　한 평생이라는 뜻

◆ 포인트: 회갑연 식순

1) 개식선언

2) 식사(式辭)

3) 약력소개

4) 헌화

5) 축사

6) 헌수獻壽: 장수를 빌며 술잔을 올리는 것

7) 축가祝歌

8) 송시訟詩

9) 답사

10) 폐식

11) 여흥

제9장 경제생활과 기타의 선택

9-1 가계부는 필수다

(1) 가계부를 써야 하는 이유

한 회사를 경영하면서 경리장부가 없다면 어떻게 될까? 마찬가지로 한 가정을 경영하면서 가계부가 없다면, 그것은 아무 목적도 계획도 없이 살아가는 부부라고 할 수밖에 없다. 지금은 재테크시대이므로 계획성 없는 가정경영을 하다가는 평생 셋방살이를 면치 못할 것이다. 그러므로 투명한 가계부를 써야 하는 것은 필수인 것이다.

돈을 모으는 방법에는 비결이 없다. 소득이 있을 때 지출을 줄이고 축적된 자산을 효율적으로 운영하는 것이다. 그러기 위해서는 가계운영을 검토하고 평가할 자료가 있어야 하는 것이다.

(2) 가계부 쓰는 요령

가계부는 여성잡지의 연말부록이나 인터넷에서 제공하는 가계부를 써도 좋다. 처음 시작할 때는 정해진 항목을 다 쓸 필요가 없고 콩나물 얼마, 두부 얼마로 쓰다가 자세히 쓰는 것이 귀찮으면 어디

슈퍼 ○○원으로 합계금액을 써도 좋다.

그렇게 몇 달을 쓰다보면 수입과 지출이 한눈에 들어온다. 문제는 지출에 대한 개념인데 부모님께 드리는 용돈이나 남편의 비정기적인 카드 사용, 비교적 고가품인 핸드백의 구입, 자녀들과 극장 구경간 것들을 정기지출이 아닌 사고지출로 보고 가계부의 기록을 누락시키는 것이다. 이 기록을 누락시키면 잔고가 맞지 않아 가계부 전체를 조작하게 되고 불필요한 걱정과 수고를 생산하게 되는 것이다. 모든 수입과 지출은 하나도 빼지 말고 다 써야 하는 것이다. 소비를 하는데 있어서는 꼭 필요한 것(need)과 사고 싶은 것(want)을 명확하게 항목을 구별해야 한다. 꼭 필요한 것이 필수라면 사고 싶은 것을 줄이는 것이 지출을 줄이는 핵심이다.

지출의 억제로 자산이 축적되기 시작하면 자산관리에 대해 부부가 서로 많은 대화가 필요하다. 주식, 채권, 부동산 등 자신을 굴릴 대상 파악부터 부부가 협의하면서 진행해야 한다. 남편이 독단적으로 투자를 했다가 낭패를 보게 되면 자칫 가정마저 낭패를 보게 될 수도 있기 때문이다.

(3) 인터넷 가계부

지금은 인터넷 시대가 되어 두꺼운 가계부와 계산기 등도 필요 없게 되었다. 인터넷 가계부는 단순한 금전출납부가 아니라 가계의 자산관리까지 맡아주는 기능을 갖추고 은행과 카드의 입. 출금 내역까지도 자동적으로 정리해주고 있다. 사용자들은 현금으로 사용한 거래내역만 입력하면 된다. 또한 입력한 정보를 바탕으로 가계의 수입과 지출, 현금 흐름표 등을 그래프로 볼 수도 있다. 여기에 가입되어 있는 보험상품의 만기일, 보험료 정보, 각 증권사별로 관리하는 보유종목에 관한 정보까지도 검색할 수 있다.

(4) 영수증 챙기기

물품을 사거나 돈을 지불하였을 때는 반드시 영수증을 받고 이를 잘 보관하도록 한다. 물품을 반품할 필요가 생겼을 때, 이중 고지서를 받거나 이미 지급한 요금을 또 내라는 독촉을 받았을 때, 연말정산에서 혜택을 받을 수 있을 때 영수증이 필요하기 때문이다. 영수증은 월별로 묶어서 일정한 장소에 보관하도록 하고 최소 3년은 보존해야 한다. 지불방법은 현금소지가 위험함으로 가급적 카드결제를 하도록 한다.

◆ 포인트: 현명한 주부의 장보기

1) 있는 자원을 이용한다

돈과 시간, 에너지, 지식, 노하우, 관심, 이 중에서 나에게 상대적으로 풍부한 자원이 무엇인지 판단한다. 돈과 시간과 에너지가 더 많다면 시간이 걸리더라도 비교구매를 통해 가장 싼 가격에 구입하는 것이 좋다. 반대로 돈보다 시간이 부족하다면 좀 비싸더라도 가까운데서 구입하거나 통신판매를 이용하는 것이 낫다.

2) 내게 적당한 품질을 결정한다

품질이 가장 좋은 제품이 항상 좋은 것은 아니다. 때로 품질이 중간인데 제품이 더 실용적이고 사용 목적에 맞는 경우도 있다. 예를 들어 최고급 의류제품은 직장인이 일상적으로 입기에는 내구성이나 세탁의 어려움 등 적당치 않을 수도 있다.

3) 정보에 강한 자가 선택을 잘한다

광고, 카탈로그, 신문, 잡지, 책, 인터넷, 점원, 친구나 가족, 품질인증 마크 등은 정보의 원천이다. 가격이 비싸고, 오래 사용할 내구재이며 자신에게 중요한 상품일수록 가격과 품질 등의 정보를 잘 찾아본다.

4) 구입품 목록을 작성한다

물품 목록을 작성하면 필요로 하는 상품을 놓치지 않고 살 수 있다. 또한 충동구매를 막을 수 있고 구입할 때 시간과 에너지 그리고 돈을 절약할 수 있다.

9-2 행사의 수의방법

공적인 행사나 사적인 행사를 막론하고 행사는 잘 치러야 본전이라는 말이 있다. 행사의 뒷말은 항상 주최한 쪽이 당하는 일이지만 함께 치르기 위해 참석하는 사람도 비판을 받거나 뒷말을 들을 수 있다. 복장, 부조금 등은 물론 꼭 참석해야 할 사람이 납득할만한 이유도 없이 직접 참석하지 아니하고 부조금만 인편 또는 온라인으로 전달한다면 행사 주관자는 서운함을 오래 마음속에 간직하게 된다. 혼례나 장례 등의 행사에 표시하는 금품을 수의修儀라고 하는데, 이것은 예의를 차린다는 뜻이다. 수의는 자기 분수에 맞게 해야 하며 과하거나 과소해도 결례가 된다.

(1) 명절

신년을 축하하는 표시로는 송구영신送舊迎新, 세찬歲饌, 세의歲儀라 하고 추석에는 중추가절仲秋佳節, 크리스마스에는 축성탄祝聖誕, 연말에는 세모歲暮라고 쓴다.

(2) 혼례

보통 결혼식으로 통용되고 있는데 법률용어가 혼인으로 되어 있으므로 혼인식으로 표기하는 것이 옳다 하겠다. 그러므로 축혼인祝婚姻 또는 축화촉祝華燭이라고 쓴다.

(3) 수연례

장수를 축하하는 행사는 평균수명이 연장됨에 따라 행사의 의미나 방법도 많이 변질되었다. 즐거운 잔치는 참으로 축하해 줄 사람들만 모여서 지화자를 불러야 할 것이다. 장수함을 축하하는 모든 잔치에는 일반적으로 축수연祝壽筵으로 쓰며 회갑잔치에는 축회갑祝回甲 또는 축희연祝喜筵으로도 쓰고 칠순잔치에는 축고희연祝古稀筵이라 한다.

(4) 상장례

장례식에 참석하며 돈이나 물건을 보낼 때는 부의賻儀 또는 근조謹弔라고 쓰며 요즘은 '삼가 명복을 빕니다, 삼가 조의를 표합니다.'라고 써도 무방하다. 탈상이나 기타 제사 등에 참석할 때는 향료香料, 향전香奠, 전의奠儀라 한다.

(5) 승진 또는 당선

계급 또는 직위가 승진되었을 때는 축영진祝榮進이라 하고 보직이 이동되었을 때는 축영전祝榮轉이라 한다. 입선 또는 당선되었을 때는 그대로 축입선, 축당선이라 한다.

(6) 감사 또는 사례

도움을 받아 고마움을 표시할 때는 겸손한 마음으로 촌지寸志, 미성微誠, 비품菲品 등으로 쓴다. 연말에 어른을 방문할 때는 세모歲暮라고 쓴다.

(7) 문병 위문 등

문병할 때는 쾌유快癒라 하고 복지시설 등을 위문할 때는 그대로 위문품, 연말연시에는 세모歲暮라고 쓴다.

단자나 봉투에 사용하는 글자는 한글이나 한자나 무방하나 노인층은 한자를 사용하는 것을 권하며 한자는 내리쓰기, 한글은 가로쓰기로 한다. 자신의 이름 다음에는 근정謹呈 또는 '드림'이라고 쓴다.

9-3 연금보험의 선택요령

(1) 가입금액의 결정

연금이 왜 필요한지는 누구나 다 알고 있을 것이다. 문제는 어떤 연금보험을 얼마만큼 가입해야 되는가 하는 것이다. 먼저 가입금액을 결정할 때는 자신이 은퇴 후에 필요한 생활비를 제대로 산출하는 것이 중요하다. 거기에 국민연금이나 퇴직금 등 추가로 발생할 수입을 계산하여 그 차액만큼 연금보험을 가입하면 된다. 다만 국민연금의 경우 재정상태가 안정되지 못하여 지급액이 다소 줄지 모른다는 계산도 염두에 둘 필요가 있다.

(2) 연금보험의 선택기준

우선 소득공제 혜택을 받을 수 있는 연금저축과 소득공제는 받지 못하지만 이자소득이나 연금소득세를 면제받을 수 있는 생보사 전용 연금보험 가운데서 하나를 고른다.

소득공제형 연금저축(보험사, 은행, 투신, 우체국, 농협 판매)은 납입기간 중 연간 일정 금액까지 소득공제의 혜택이 있어 샐러리

맨에게 인기가 있다. 그러나 중도에 해지할 때는 세제혜택 받은 금액을 반환해야 하고, 이자소득세가 있으며 연금으로 받을 때는 연금소득세를 내야 한다.

생보사 전용 연금보험은 보험료의 소득공제 혜택은 없지만 가입 후 7년만 지나면 해약할 때 이자소득세를 물지 않아도 되며 연금 수령 시에도 연금소득세가 없다. 고액의 연금설계에 보다 유리하다.

이 상품은 회사별로 다양함으로 다음과 같은 기준을 고려하여 선택하는 것이 바람직하다

1) 연금개시 연령이 다양한 것이 좋다. 일찍부터 연금을 받으려면 50세 이전 연금개시형을 택하면 되고 고령에도 충분한 수입이 있는 사람은 70세형을 고르면 무난하다.

2) 연금 지급방법의 선택도 고려해야 한다. 사망할 때까지 연금을 계속 지급하는 종신연금형, 일정기간 동안만 연금을 지급하는 확정연금형, 생존 시에는 연금을 수령하다가 사망했을 때 유가족에게 목돈을 물려주는 상속연금형과 개인형, 부부형, 정액형, 체증형 등 연금개시 시점에서 가입자가 원하는 연금형태를 지급할 수 있는 연금이 유리하다.

3) 본인의 자산운용이 편리하도록 여러 가지 서비스가 있는 연금인가를 살펴보아야 한다. 가령 긴급자금이 필요할 때 적립된 연금보험에서 일부를 찾아 쓸 수 있는 중도 인출제도나 여유자금이 생겼을 때 연금을 더 받기 위해 별도의 보험료를

납입할 수 있는 추가납입제도(한도는 회사별로 다르나 보통 납입기간 중에 보험료의 100%까지 증액 가능) 등이 고려 대상이다.

4) 보험료의 할인이다. 보험료를 자동 이체할 경우 할인(1% 정도)이 되는지 여부와 단체로 가입할 때, 보험료의 할인(2.5%) 여부도 매우 중요하다. 연금은 장기간 납입하는 금액이므로 1%만 할인을 받아도 연금액의 차이는 적지 않다.

5) 어떤 특약이 있는지 자세히 살핀다. 특히 연금개시 후에 특약 설계가 가능한지 살펴보아야 한다. 입원, 개호보장 특약 등이 여기에 해당한다.

(3) 매월 일정액의 연금을 받을 수 있는 금융상품

1) 목돈 예치 후 매달 이자와 원금 일부를 지급 받는 방식
2) 목돈 예치 후 매월 이자만 받다가 나중에 원금을 되돌려 받는 방식
3) 집을 담보로 대출받아 매월 연금을 받는 방식(역모기지론)

9-4 맞벌이부부의 지혜

경쟁의 시대, 능력의 시대, 남녀평등의 시대, 세계화의 시대에 살면서 우리나라의 부부도 선진국 못지않게 힘들고 어려운 세상이 되었다. 미국에는 맞벌이하는 부부의 아이를 돌보기 위해 많은 후진국 주부들이 이동하고 있고 후진국의 남편들은 아내와 함께 살지 못하는 불행을 당하고 있다.

우리나라도 맞벌이하는 부부가 점차 늘고 있지만 아직도 정착단계에 이르지 못하고 부부 사이에, 가족 사이에 많은 갈등을 빚고 있으며 문제를 안고 있다. 몇 가지 부각시킨다면 자녀의 양육문제, 가사노동의 문제, 성생활의 문제 등을 들 수 있다. 이에 대하여 많은 논의가 있어야 하겠지만 우선 화제로 삼고자 한다.

(1) 자녀의 양육

우선 초등학교에 가기 전 6세 이하의 자녀를 누구에게 맡기느냐 하는 것이 과제이다. 시부모나 친정 부모의 도움을 얻고자 하나 거의 모든 부모들이 힘들다는 이유로 이를 기피하고 있으며 어떤 친정어머니는 나에게 아이를 맡기려거든 낳지도 말라고 딸에게 심한 말을 하기도 한다. 그러나 병들지 않고 능력이 있는 부모가 생존하신다면 직업인에게 주는 양육비의 50% 정도라도 드리면서 간청하는 수밖에 없을 것이다.

(2) 가사노동

하루 종일 직장에서 시달리다가 퇴근한 아내에게 집안일을 도맡긴다면 아내의 건강에도 타격을 줄 것이다. 부부의 건강상태에 다소 차이는 있겠으나 남편이 힘들거나 거친 일을 맡고 아내는 가볍고 쉬운 일을 맡도록 분담하는 것이 합리적이다. 예를 들면, 일상업무 중 남편은 청소, 다리미질, 설거지를, 아내는 밥짓기, 빨래, 아이 돌보기로 분담한다. 승용차를 부부가 공동으로 사용할 경우는 남편이 도맡아 운전을 할 수도 있고 출근은 아내, 퇴근은 남편으로 나눌 수도 있다.

(3) 성생활

어떤 정신과 전문 의사는 몸과 마음이 편치 않다 보니까 성적인 즐거움이 예전처럼 큰 비중을 차지하지 못하게 된 것이며 외국에 비해 부부가 방해받지 않고 함께 지내는 시간이 절대적으로 부족하다고 지적하고 있다.

맞벌이부부들 사이에서 일어나고 있는 '섹스리스' 현상은 매우 심각하다. 혼인 5년차를 맞는 맞벌이부부인 정모(여.29)씨의 경우, 신혼 초에는 자신이 아프다고 싫어했고 남편도 굳이 강요하지 않다 보니 1년에 6회의 성교를 가졌으며 그후 정씨는 이제 남들처럼 관계를 갖고 싶다는 생각을 하게 되었으나 남편이 매일 밤 술. 담배에 찌들어 들어오다 보니 자연스럽게 피임이 된다고 고백하고 있다. 특히 남편은 야근을 하고, 아내는 일찍 출근하는 등 근무 사이클이 다른 부부는 문제가 더 크다.

이에 대하여 성상담을 하는 전문 의사는 남녀 불문하고 스트레스에 묻혀 사는 고학력. 화이트칼라가 늘어나면서, 성적 관심도나 능력이 과거 육체노동 시절에 비해 떨어지고 있다면서 섹스 없이도 부부가 화목하게 지낸다면 상관없지만, 어느 한쪽에 불만이 있다면 솔직한 대화와 애정어린 노력으로 해결해야 한다고 주장하고 있다.

맞벌이부부에게 문제도 많지만 유리하고 즐거운 일도 만들 수 있다. 같은 학교의 어떤 교사 부부의 경우는 남편이 여학생 반을 맡게 되었을 때 아내에게서 많은 상담과 도움을 받았다고 즐거워했다. 그러면서 라이벌 부부가 되어 열심을 더 내게 하는 경우도 있다는 것이다. 학생 부부의 경우는 학비와 생활비에 쪼들리지만 공부하는 데는 서로 협력이 잘 되고 마음은 편하다는 것이다.

9-5 부부재산의 관리

(1) 부부재산의 공유

한국가정법률상담소가 2001년도에 전국의 기혼남녀를 대상으로 한 조사에 따르면 우리나라의 부부재산의 소유 현황은 다음 표에서 보는 바와 같이 남편명의로 된 재산은 65%, 아내명의는 30%이고 공동명의는 겨우 4.6%로 나타났다.

부부재산의 소유현황

(%)

재산별	남편	아내	공동	기타
부동산	66.3	26.4	6.7	0.6
전세금	80.5	14.9	3.4	1.2
예금등	55.6	40.0	3.1	1.3
합계	65.1	29.3	4.6	1.0

〈한국가정법률상담소, 2001년 기준〉

이것은 수입원이 주로 남편에게 있고 가부장제에 순응하여 온 아내들이 모든 것을 남편에게 맡기고, 함께 살면 공동소유라는 관념이 지배해 온 결과라고 할 수 있다. 그러나 지금은 부부가 평등해진 시대임으로 부부가 함께 생각과 시각을 바꿀 때이다. 혼인 초기에는 형성된 재산도 없으므로 별문제가 없으나 세월이 쌓이면서 부부가 공동으로 노력하여 모은 재산을 남편만의 이름으로 등기를 하는 것은 공평하지도 못하고 비합리적이다. 부부가 서로 사랑을 공유했다면 재산도 실질적으로 공유해야 합리적이다.

이혼이라는 만일의 사태에 대비해서라도 미리 지분을 확실히 해 두는 것이 바람직하고 믿음직하다. 아내가 벌어온 것이 무엇이 있다고 공동명의로 할 필요가 있느냐고 반문할 남편도 있겠지만, 외출복 하나 사입지 않고 쥐꼬리만한 월급으로 아둥바둥 적금 들고 아껴쓴 아내의 몫도 인정되어야 합리적이다. 특히 맞벌이 부부의 경우는 더욱 그렇다.

만일의 경우 남편이 불의의 사고로 사망했을 때, 민법에 의한 법정 상속분으로 우위의 상속을 받게는 되어 있으나, 그때에 비로소 그 자녀들과 같은 반열에 끼어 처분을 받는다는 것은 어떤 면에서 비애를 느낄 수도 있다. 그러므로 부부는 살아 있을 때 동등한 위치에서 당당히 자기몫을 장악하고 그 다음에 불로소득으로 얻는 상속분에 대하여는 자녀와 같은 반열에서 대우를 받는 것이 바람직한 처분이라고 생각한다.

현행 우리 민법은 법정재산제로 부부 별산제別算制를 채택하고 있는데, 여성부는 부부공동재산제를 추진하고 있다. 공동재산제는 만일의 사태에 대비하여 이혼 등의 경우에 유리한 점이 있으나 상대방의 채무에 대해서도 함께 변제해야 하는 불리한 점도 있다.

(2) 부부간의 계약취소권

민법 제828조에 의하면 부부간에 계약을 한 때에는 그 계약을 혼인 중 언제든지 부부의 일방이 취소할 수 있는 권리가 인정되고 있다. 예를 들면 남편이 보너스를 받으면 아내에게 다이아반지를 사주겠다고 약속하였더라도 뒤에 그것은 안 되겠다고 하면 그것으로 그만이다. 또 이미 이행이 끝났을 경우에도 취소할 수는 있으나 부부간의 계약취소로 인하여 제3자의 권리는 해할 수 없다. 이 제도의 입법 취지는 부부는 애정과 신뢰를 바탕으로 하는 윤리적 결합이기 때문에 법률적 구속을 가할 필요가 없다는데 있지만, 개인의 독립을 강조하는 오늘날에 있어서는 폐지되어야 한다는 견해가 있고, 판례도 부부 사이가 원만하지 않고 파탄에 직면하고 있는 경우에는 취소할 수 없다는 태도를 취하고 있다.

(3) 부부재산계약

부부 양당사자가 혼인이 성립되기 전에 혼인 성립 후의 재산관계 일반에 대해 미리 계약으로 정하는 것을 말한다. (민법 제829조) 혼인중의 개별적인 부부간의 약정인 부부계약과는 구별된다. 혼인신고 전에 미리 등기소의 등기부에 등기를 하지 아니하면 이로써 부부의 승계인 또는 제3자에게 대항하지 못한다. 한 번 이렇게 계약내용을 결정하면 후에 변경할 수 없지만, 예컨대 아내의 재산을 관리하게 된 남편이 그 관리재산을 부적당한 관리로 인하여 위태롭게 한 때에는 아내는 자기가 관리할 것을 가정법원에 청구할 수 있고 그 재산이 공유인 때에는 그 분할을 청구할 수 있다. 재산계약 내용에 미리 관리자의 변경이나 공유재산의 분할에 관하여 정한 것이 있는 때에는 이에 따라 관리자를 변경하고 또는 분할할 수 있다. 우리나라에서는 부부재산 계약은 거의 행하여지지 않고 있으며 우리나라 관습상 가장 친숙하지 못한 제도의 하나이나 부부 평등의 입장에서 관심을 가져야 할 때이다.

◆ 포인트: 신용관리 10계명

1) 금융거래는 한 은행에서만 한다.
2) 잦은 신용조회는 하지 않는다.
3) 신용카드는 한 장만 사용한다.
4) 연체는 하루도 하지 않는다.
5) 대출 만기일을 수시로 확인한다.
6) 보증할 때, 한도와 기한을 확실히 한다.
7) 현금 서비스는 필요할 때만 한다.
8) 가급적 자동이체를 이용한다.
9) 연체금을 상환했을 때는 영수증을 잘 보관한다.
10) 주소를 변경하였을 때는 금융기관에 신고한다.

9-6 노년기의 주거처 선택

(1) 노령화 사회

경제발전에 따른 국민생활의 개선과 효과적인 각종 항생물질의 개발로 전염성 질환의 통제 이외에도 의료보험제도의 도입과 확대에 따른 양질의 의료서비스 확대 등에서 사망률이 계속 떨어짐에 따라 평균수명은 다음 표에서 보는 바와 같이 자꾸만 길어지고 있다.

우리나라 평균수명의 증가추이 (세)

연도별	평균	남자	여자
2020	80.7	77.5	84.1
2030	81.5	78.4	84.8
2050	83.0	80.0	86.2

〈통계청 장래인구추계 2020〉

G20 국가의 평균수명

1. 일본	84.4	7. 영국	81.2
2. 이태리	83.3	8. 독일	81.1
3. 호주	83.2	9. 미국	78.8
4. 한국	82.8	10. 터키	77.3
5. 프랑스	82.5	11. 중국	76.6
6. 캐나다	82.2	12. 아르헨	76.4

〈2020통계청 kosis기준 G20국가 상위 순위〉

　　노인 인구가 계속 증가함에 따라 이들에 대한 주거복지정책도 전향적으로 검토해야 하겠지만 정책 이전에 민간에서 진행하고 있는 실버타운에 관심을 가지면서 노후계획을 세워야 할 것이다.

　　그런데 문제는 우리 부부는 실버타운에 가야 좋은지, 가족들과 함께 지내는 것이 보다 나은지를 결정짓기가 어렵다. 그리하여 어떤 성격과 환경의 노인들이 요양시설에 적합하고 아니한가를 판단할 수 있도록 일본의 에이지레스 센터(Ageless Center)가 설문을 만들었다. 이 센터는 오사카시, 아사이신문과 의사협회 등 50여개 공공단체들이 공동으로 설립하여 운영하고 있는 노인생활 지원센터이다. 많은 참고가 될 것 같아 소개한다.

(2) 집 또는 요양시설의 선택기준

A 항 목	점수
1. 기댈 사람이 없다.	10
2. 혼자서 산다.	5
3. 병이 있다.	5
4. 생활이 안정되어 있지 않다.	5
5. 식욕이 없을 때는 식사를 거를 때가 있다.	5
6. 요리. 장보기를 할 수 없다.	5
7. 수면시간이 불규칙적이다.	5
8. 술을 많이 마시고 취하는 경우가 있다.	5
9. 운동이 싫다.	5
10. 하루종일 TV를 본다.	5
11. 걱정이 많은 성격이다.	5
12. 사람을 보면 힘이 난다.	5
13. 이성(異性)에 흥미가 없다.	5
14. 하고싶은 일에 돈을 쓰는 것이 가능하다.	5
15. 회사와는 무관한 서클 활동이 가능하다.	5
16. 옛날은 옛날로, 현재의 생활을 즐긴다.	5
17. 하루 중 누구와도 얘기를 하지 않아도 된다.	5
18. 모든 사람에게 호감을 산다고는 생각하지 않는다.	5

19. 애완동물이 죽었을 때 충격이 컸다.　　　　　　　　　5

20. 자식의 늙은 부모 봉양은 당연하다고 생각한다.　　　5

21. 맏며느리는 어느 정도 희생이 필요하다고 생각한다.　5

22. 귀나 코에 구멍 뚫는 젊은 사람들을 이해하지 못한다.　5

23. 젊은이들 유행에 흥미가 없다.　　　　　　　　　　　5

24. 남자는 설거지하는 게 아니다.　　　　　　　　　　　5

25. '감사합니다.'라고 말하기 힘들다.　　　　　　　　　5

B 항 목　　　　　　　　　　　　　　　　　　　**점수**

1. 뒷일을 부탁할 주변 사람이 있다.　　　　　　　　　10

2. 동거인이 있다.　　　　　　　　　　　　　　　　　5

3. 건강하다.　　　　　　　　　　　　　　　　　　　5

 4. 집세 걱정 없다.　　　　　　　　　　　　　　　　5

5. 규칙적으로 밥을 먹고 있다.　　　　　　　　　　　5

6. 요리. 장보기를 할 수 있다.　　　　　　　　　　　5

7. 규칙적인 생활이 가능하다.　　　　　　　　　　　5

8. 자기 억제가 가능하다.　　　　　　　　　　　　　5

9. 운동을 계속하고 있다.　　　　　　　　　　　　　5

10. 그날그날 할 일이 있다.　　　　　　　　　　　　5

11. 낙천적이다.　　　　　　　　　　　　　　　　　5

12. 사람이 없어도 원기 왕성하다.　　　　　　　　　5

13. 옷차림에 신경을 쓴다.　　　　　　　　　　　　5

14. 유산을 조금이라도 자녀에게 남기고싶다.　　　　5

15. 다른 사람과의 교류는 귀찮다.　　　　　　　　　5

16. 기억이 담긴 물건을 언제까지나 간직하고싶다.　　5

17. 누구에게라도 가벼운 기분으로 말을 건넬 수 있다.　5

18. 가족의 생일날 선물을 잊지 않는다.　　　　　　5

19. 애완동물이 죽었을 때 기분전환 여행이나 떠나자고 발상의
　　전환이 가능하다.　　　　　　　　　　　　　　5

20. 노후비용을 자식에게 의존하지 않아도 된다.　　5

21. 맏며느리라고 희생할 필요는 없다.　　　　　　5

22. 그들만의 감성이 있다고 생각할 수 있다.　　　　5

23. 세상의 변화에 관심이 많다.　　　　　　　　　5

24. 남자도 가능한 것은 도와야 한다.　　　　　　　5

25. '감사합니다.' 라는 말 정도는 가볍게 할 수 있다.　5

1) A항목의 1~5번까지의 점수 합계가 20점 이상이면서 A항목
　전체 점수 합계가 30점 이상인 경우는 진지하게 노인 시설의
　이용을 생각하는 쪽이 현명하다.

2) A항목의 1~5번까지의 합이 15점 이상이면서 A항목 총 합계
　가 25점 이상인 경우는 희망에 맞는 노인시설을 선택하여 이
　용하는 쪽으로 생각해보는 것이 안심하고 노후생활을 지낼

수 있다.

3) B항목의 1~5번까지의 합이 15점 이하이고 B항목 총 합계가 20점 이하인 경우는 적절한 대책을 강구하지 않은 상태라면 집에서의 생활은 별로 권할 만 하지 않다.

4) B항목의 1~5번까지의 합이 25점 이상이지만 B항목 총 합계가 30점 이하인 경우는 집에서 노후 생활을 하는 것도 가능하지만 만일을 대비한 대응책을 생각해 두는 것이 좋다.

5) 나머지는 집에서 가족들과 함께 노후를 보내는 쪽이 좋은 것이다.

위 설문 결과에도 불구하고 집에서 쓰던 물건을 버릴 수 없는 사람이나 자기 물건에 애착이 많은 사람은 요양시설에 가기 어렵다. 요양시설은 자기 집보다 좁기 때문이다. 재택파在宅派가 되느냐, 시설파施設派가 되느냐 하는 문제는 이 밖에도 개인의 사정에 따라 객관성을 뛰어넘을 수 있는 것이다.

(3) 집 구조조정

재택파가 되어 넓은 집을 줄여 살려고 하는 경우, 건축가 김진애 씨는 노부부가 둘만 사는 공간이라면, 넉넉하게는 전용면적 25.9평(아파트 33평), 알맞게는 18평형(아파트25평)을 권한다.

1) 방 3개, 부부가 각방을 사용한다

방 세 개를 각각 남자 방, 여자 방, 손님방으로 나눈다. 손님방은 자녀들이 손자손녀를 데리고 방문할 때 사용하는 공간이다. 그 옛날 안방과 사랑방처럼 부부가 여자 방과 남자 방을 각각 나눠 쓰면서 잠도 따로 자면, 자신만의 사생활을 가지면서도 연애하듯 오히려 로맨틱한 부부 사이를 유지할 수 있다.

2) 부엌을 아일랜드형으로 개조한다

아내가 외출하고 남편 혼자서 밥을 차려먹어야 할 경우가 많아진다. 부엌 출입을 하지 않던 남편들도 거부감 없이 부엌에 들어가게 하는 방법 중의 하나가 개방형 부엌을 만드는 것이다. 부엌 한가운데 개수대와 조리대가 있는 아일랜드형 작업대를 놓으면, 부부가 함께 대화하면서 요리를 만들고 혼자 있어도 거실 텔레비전을 보면서 부엌일을 할 수 있다.

3) 인터넷 헬스 코너를 마련한다

나이 들어 텔레비전보다도 좋은 벗은 인터넷이다. 방 한 칸을 인터넷 공간으로 사용해도 좋고, 거실 한쪽에 컴퓨터를 놓아도 좋다. 헬스 코너도 만들어 건강유지를 위한 간단한 헬스기구를 방이나 거실 한쪽에 들여놓는다.

그 밖에 사용 빈도가 낮은 옷이나 그릇, 책과 물건은 과감히 정리하여 답답한 공간을 넓힌다.

통계청이 실시한 2020년 사회통계조사에서 60세 이상의 노인이 장래 살고 싶은 곳은 자기 집을 가장 선호하고 있으며, 나이가 많은 계층으로 갈수록 자녀에게 의탁하고자 하는 심리변화를 엿볼 수 있다.

장래 살고 싶은 곳

연령별	자기집	자녀집	무료양로원	유료양로원	기타
전 국	77.2	18.2	2.8	1.6	0.1
60~64	84.8	10.0	2.6	2.5	0.1
65~69	80.7	14.9	2.6	1.6	0.1
70~79	70.5	25.1	3.2	1.1	0.1
80세이상	59.2	37.4	2.9	0.4	0.1

9-7　홀로 서는 홀아비

　나이 들수록 누군가가 곁에 오기보다는 곁에서 떠날 가능성이 많다. 친구들도 하나 둘 모습을 감추고 자식들도 출가하면 남이 되는 요즘, 혹 아내마저 갑자기 여의면 남편은 홀로 남은 생애를 지탱할 수 있을까?

　고령화 사회에 접어든 일본은 독신 노인 가정을 쉽게 찾아볼 수 있다. 대부분의 일본 독신 노인들은 혼자 된 자신에게 또 다른 삶의 동기를 부여하며 밝게 살아가고 있다.

　각종 노년 지원사업을 벌이고 있는 일본의 시니어 르네상스 재단은 개인의 자립도를 점검하는 측정표를 만들어 제시하고 있는데 자립도란 혼자서 살아갈 수 있는 육체적, 정신적, 사회적 자세를 뜻한다. 재단은 자립도 100%의 사람을 누구에게도 좌우되지 않는 확고한 신념과 독자적인 세계를 가진 사람으로서 한없는 포용력과 꿈, 상상력을 가지고 항상 미래를 향해 전진하는 인간형이라고 정의했다.

　스스로의 삶을 풍요롭고 희망차게 만들기 위해서는 다음 세 가지 측면이 조화를 이루어야 한다고 강조하고 있다.

1) 신체적 건강과 안전

질문 항목 1~5번은 신체적인 건강과 안전에 관련된 질문들로서 나이가 들면 평소에도 최소한 자기가 먹는 음식의 질과 양에 대하여 관심을 가져야 한다는 것이다.

2) 주변과의 좋은 인간관계

문항 6~10번 항목은 좋은 인간관계와 관련된 질문으로서 긍정적이고 넓은 포용력을 가져야 한다는 것이다.

3) 자기실현에 대한 욕구

문항 11~15번 항목은 자기실현을 위하여 계속 노력해야 한다는 것이다.

자립도의 판정방법은 15개항을 ○×로 표시하고 합을 100으로 하여 산술평균을 내면 된다.

◆ 포인트: 남자의 자립도 측정표

1) 나 혼자를 위해서도 요리를 만든다.

2) 매달 지출하는 생활비 내역을 잘 알고 있다.

3) 식사의 내용. 분량. 영양 등에 관심을 갖는다.

4) 지역에서 받을 수 있는 여러 가지 공적 서비스를 잘 알고, 적극 이용한다.

5) 내가 병날 때를 대비해 계획을 세워두었다. (간호인, 휴양장소, 병원비 등)

6) 연금에 대해 잘 알고 있다.

7) 주변과의 교제에 문제가 없다..

8) 지역 활동이나 자원봉사 활동을 한다.

9) 장래의 수입과 지출을 구체적으로 계산해 본 적이 있다.

10) 친하게 지내는 친구가 5명 이상 있다.

11) 배우자나 자식에게 의존하지 않고 살 수 있다.

12) 현재 무언가에 도전하거나 열중하고 있다.

13) 남이 배려해줄 때 보람을 느낀다.

14) 사물의 좋은 면을 보도록 노력한다.

15) 꿈이나 비전을 갖고 있다.

점수: 15=100   14=93   13=86   12=80   11=73   10=66
　　　 9=60   8=53   7=46   6=40   5=33   4=26   3=20
　　　 2=13

9-8 묘지의 선택

(1) 묘지제도

1) 묘墓

모든 동물 중에서 오직 인간만이 주검을 땅에 묻는다. 그런 풍습이 언제부터 전해 내려왔는지는 알려져 있지 않지만 이라크의 샤니다르 동굴에서 발견된 유적을 보면 약 6만 년 전에 네안데르탈인들이 사체를 매장하고 무덤에 꽃을 바치기까지 했다는 것이다. 그러나 인구가 증가하면서 제한된 토지는 공급과 수요의 원칙에 따라 인류의 오랜 역사와 소망을 뒤로하고 우리의 주검을 원하는 대로 묻어줄 수 없는 세월에 살게 되었다.

묘지의 면적은 1기당 9평으로 제한하고 있으나 집단묘지에 들어가는 것도 쉬운 일이 아니다. 여유 있는 사람은 개인묘나 가족묘를 만들면서 요란한 석물과 주변 환경을 치장하고 있는데 이것도 생각해볼 심각한 문제이다.

2) 한시묘限時墓

일정기간 매장했다가 파묘해서 유골을 수습하여 납골시설에 안치하는 제도인데 조상묘를 지키는데 일에 많은 어려움을 주기 때문에 자연스럽게 확산되고 있는 추세이다 각 씨족 문중별로 각처에 산재한 조상묘를 파묘하여 한곳으로 집단화하는 합동 묘역제가 활발히 진행되고 있다.

3) 납골당

최근 묘지 확보의 어려움 등으로 화장률이 급상승하고 있으나 매장보다 더 많은 비용부담이 되는 폐단이 생겨 새로운 문제로 등장하고 있다. 그러나 지방자치단체에서 직영하는 납골시설이 늘고 있어 다행이라 하겠다.

4) 화장

화장한 후 유골을 가루로 만들어 사망자나 유족의 뜻에 따라 원하는 곳에 뿌리는 방법인데 이는 특별한 경우에만 이루어지고 보통 이 세상에 무엇인가를 남기고 싶은 우리들의 미련 때문에 거부당하고 있다.

(2) 묘지의 선택

이 세상에 왔다가 그냥 갈 수는 없고 흔적을 남기고 싶다. 그리하여 제주도로 유배된 선비들은 그 한을 풀기 위해 100평 정도의 밭에 돌담을 쌓고 학사學士 누구의 묘라는 비석을 세웠다. 지금은 도시로 변하여 없어졌지만 성남에는 남씨 문중이 왕묘에 버금가는 봉분과 석물을 설치하여 지구가 멸망할 때까지 보존하려고 했지만 그 명당자리도 도시계획에 밀려 사라지고 말았다. 어떤 이는 비록 공원묘지이지만 알뜰하게 비석을 세워 효도하는 마음을 그렸지만 그 손자는 이민을 가고 이제는 추석날 꽃 한 송이 없는 쓸쓸한 묘가 되고 말았다. 더구나 자녀를 적게 두는 지금의 세대는 하나뿐인 딸이 시집을 가면 묘를 돌볼 자손이 없다. 사람은 흙으로 빚어졌다고 하든가, 그래서 한줌의 흙으로 돌아가는 가본대, 요란한 치장을 한다고 해서 달라질 게야 있겠는가? 묘지는 자신이 선택하는 것이 아니고 자손의 형편에 따라 선택되는 것이지만 죽음을 앞둔 노부부는 자손이나 또는 돌보는 사람에게 자신의 유언이나 희망을 들려줄 수는 있을 것이다.

9-9 노년기의 생활만족

노년기에 접어들면서 신체적·사회적 변화에 따른 특별한 도전을 받게 되는데 이를 발달과업이라고 말한다. 해비거스트(Havighurst, 1953)는 노년기에 맞이하게 되는 발달과업을 다음과 같이 내세우고 있다.

1) 정년퇴직과 수입 감소에 따른 적응
2) 배우자의 죽음에 대한 적응
3) 동년배 집단과의 친교관계 형성
4) 적절한 사회적, 시민적 역할의 수행
5) 일상생활에 적절한 물리적 환경의 조성

한편 통계청이 실시한 사회통계조사(2002년)에서 나타난 우리나라의 노인문제를 검토해 보면 위의 발달과업과 많은 관련이 있음을 알 수 있다.

1)경제적 어려움	36.8
2) 직업 없음	4.3
3) 소일거리 없음	6.1
4) 건강문제	27.4
5) 외로움, 소외감	16.9
6) 가족의 푸대접	3.5
7) 경로의식 약화	1.0
8) 노인복지시설 부족	2.9
9) 기타	0.0
10) 모르겠음	0.9

노년기의 만족한 삶이란 사회적 변화에 따라 개개인에게 주어진 발달과업을 성공적으로 성취해 나가는데 있는 것이다. 위의 다섯 가지 과업은 노년기 전 개개인의 준비상태와 능력에 따라 많은 격차가 나타나기 마련이지만, 그래도 각자의 노력 여하에 따라 생활만족도를 향상시킬 수 있는 것이다. 몇 가지 사안을 모색해보고자 한다.

(1) 배우자의 선택

배우자가 있는 노인이 홀로 된 노인보다 정신적 질환이나 자살률, 사망률이 낮고 생활만족도가 높다는 학자들의 연구가 있으므로 노년기에 배우자를 사별한 경우, 홀로 사는 외로움, 슬픔, 고독감 등으로 자신감을 잃고 점차 병약해질 것이 아니라 형편이 허락하면 재혼을 하도록 하고 형편이 어려우면 경로당이나 노인회를 통하여 말동무를 찾도록 힘써야 할 것이다.

(2) 종교의 선택

신앙생활을 하는 노인들의 생활 만족도가 종교가 없는 노인보다 높다는 것이다. 그것은 앞에서 지적한 배우자의 상실, 소외, 고독, 죽음의 두려움 등 어려운 인생문제를 종교가 교화, 상담, 위로 등으로 순화하기 때문이다. 그리고 누군가 등 뒤에 힘이 되어주는 집단에 소속되어 있다는 소속감이 고독과 죽음에서 자유로워질 수 있기 때문이다. 그러므로 노후에 종교를 선택하는 것은 메마른 심리상태를 가장 윤택하게 만드는 길이 될 것이다.

(3) 자녀와의 유대

자녀를 훌륭하게 양육하려는 목적은 장차 자녀로부터 보호와 도움을 받고자 하는데 있다고 해도 과언이 아닐 것이다. 서로 편하게 살고자 하는 새로운 세태에 따라 핵가족으로 분산되기는 하였으나 가족간의 애정이나 친밀감은 어느 조직보다도 우월한 것이므로 함께 사는 것이 만족도를 높일 수 있다. 그러려면 미리 함께 살도록 계획하고 훈련되어야 할 것이다.

(4) 사회활동에의 참여

사람은 자신의 존재를 인정받을 때 만족을 느끼게 되어 있지만, 노년기는 사회참여의 기회가 매우 제한되고 신체적·심리적으로도 어려움이 많으므로 만족을 얻기란 매우 어려운 상황이다. 그러나 과거의 체면이나 위상에 구애받지 말고 일거리를 찾으면서 봉사할 기회는 많이 있는 것이다. 필자가 잘 아는 90대 할머니는 매우 건강하므로 내외가 맞벌이하는 손녀의 집에서 초등학생인 증손녀를 돌보며 살림도 하며 생활의 만족을 한껏 누리고 있는 것이다.

부록1　건전가정의례준칙

〔대통령령제31380호 2021. 1. 5 개정 시행〕

제1장 총　칙

제1조(목적) 이 영은 건전가정의례의정착 및 지원에 관한 법률 제5
조 제4항의 규정에 의하여 건전가정의례준칙의 내용과 그 보급
및 실천에 관한 사항을 규정함을 목적으로 한다.

제2조(정의) 이 영에서 사용하는 용어의 정의는 다음과 같다.

1. 성년례(成年禮)라 함은 성인으로서의 사회적 책무를 일깨워 주
기 위하여 행하는 의식절차를 말한다.

2. 혼례(婚禮)라 함은 약혼 또는 혼인에서 신행까지의 의식절차를
말한다.

3. 상례(喪禮)라 함은 임종에서 탈상까지의 의식절차를 말한다.

4. 제례(祭禮)라 함은 기제사 및 명절에 지내는 차례의 의식절차
를 말한다.

5. 수연례(壽宴禮)라 함은 60세 이후의 생일을 기념하기 위하여
행하는 의식절차를 말한다.

6. 주상(主喪)이라 함은 상례의 의식절차를 주관하는 사람을 말한다.

7. 제주(祭主)라 함은 제례의 의식절차를 주관하는 사람을 말한다.

제3조(종교의식의 특례) 종교의식에 따라 가정의례를 행하는 경우
　에는 이 영에서 정하는 건전가정의례준칙의 범위에서 해당 종교
　고유의 의식절차에 따라 행할 수 있다.

제4조(건전가정의례준칙의 보급 및 실천) 국가기관, 지방자치단체,
　공공기관. 단체 및 기업체 등의 장은 소속공무원 및 임. 직원 등
　에게 건전가정의례준칙을 실천하도록 권장하거나 그 실천사항을
　정하여 보급할 수 있다.

제2장 성년례

제5조(시기) 성년례는 만 19세가 되는 때부터 할 수 있다.

제6조(성년례) ①국가기관, 지방자치단체, 공공기관. 단체 및 기업
　체 등이 성년예식을 거행할 때에는 엄숙하고 간소하게 하여야
　한다.

　②성년례의 식순. 성년선서 및 성년선언의 내용은 별표 1과 같다.

제3장 혼　례

제7조(약혼) ①약혼을 할 때에는 약혼 당사자와 부모 등 직계가족
　만 참석하여 양쪽 집의 상견례를 하고 혼인에 관한 모든 사항을

협의하되, 약혼식은 따로 하지 아니한다.

②제1항의 경우 약혼 당사자는 다음 각 호의 서류를 첨부하여 별표 2의 약혼서를 교환한다.

1. 당사자의 건강진단서

2. 가족관계의 등록에 관한 법률 제15조 제1항 각 호의 증명서 일부 또는 전부증명서 (당사자의 합의애 따라 필요한 경우에만 첨부한다.)

제8조(혼인) ①혼인예식을 거행할 때에는 다음 각호의 사항을 지켜야 한다.

1. 혼인예식의 장소는 혼인 당사자 어느 한쪽의 가정 또는 혼인예식장이나 그 밖에 건전한 혼인예식을 하기에 적합한 장소로 한다.

2. 혼인 당사자는 혼인신고서에 서명 또는 날인한다.

3. 혼인예식의 복장은 단정하고 간소하며 청결한 옷차림으로 한다.

4. 하객초청은 친척. 인척을 중심으로 하여 간소하게 한다.

②혼인할 때 혼수(婚需)는 검소하고 실용적인 것으로 하되, 예단을 보내는 경우에는 혼인 당사자의 부모에게만 보낸다.

③혼인예식을 마치고 치르는 잔치는 친척. 인척을 중심으로 간소하게 한다.

④혼인예식의 식순. 혼인서약 및 성혼선언의 내용은 별표 3과 같다.

제4장 상 례

제9조(상례) 사망 후 매장 또는 화장이 끝날 때까지 하는 예식은 발인제(發靷祭)와 위령제를 하되, 그 외의 노제(路祭). 반우제(返虞祭) 및 삼우제(三虞祭)의 예식은 생략할 수 있다.

제10조(발인제) ①발인제는 영구(靈柩)가 상가나 장례식장을 떠나기 직전에 그 상가나 장례식장에서 한다.

②발인제의 식장에서는 영구를 모시고 촛대, 향로, 향합, 그 밖에 이에 준하는 준비를 한다.

제11조(위령제) 위령제는 다음 각 호의 구분에 따라 한다.

1. 매장의 경우: 봉분 조성이 끝난 후 영정을 모시고 간소한 제수를 차려놓고 분향. 헌주. 축문읽기 및 배례의 순으로 한다.

2. 화장의 경우: 화장이 끝난 후 유해함을 모시고 제1호에 준하는 절차로 한다.

제12조(장삿날) 장삿날은 부득이한 경우를 제외하고는 사망한 날부터 3일이 되는 날로 한다.

제13조(상기) ①부모. 조부모와 베우자의 상기는 사망한 날부터 100일까지로 하고, 그 밖의 사람의 상기는 장삿날까지로 한다.

②상기 중 신위를 모셔두는 궤연은 설치하지 아니하고, 탈상제는 기제사에 준하여 한다.

제14조(상복 등) ①상복은 따로 마련하지 아니하되, 한복일 경우에

는 흰색으로, 양복일 경우에는 검은색으로 하고, 가슴에 상장을 달거나 두건을 쓴다. 다만, 부득이한 경우에는 평상복으로 할 수 있다.

②상복을 입는 기간은 장삿날까지로 하고, 상장을 다는 기간은 탈상할 때까지로 한다.

제15조(상제) ①사망자의 배우자와 직계비속은 상제가 된다.

②주상은 배우자나 장자가 된다.

③사망자의 자손이 없는 경우에는 최근친자가 상례를 주관한다.

제16조(부고) 신문에 부고를 게재할 때에는 행정기관 및 공공기관 및 단체의 명의를 사용하지 아니한다.

제17조(운구) 운구의 행렬순서는 명정. 명정. 영구. 상제 및 조객의 순으로 하되, 상여로 할 경우 너무 많은 장식을 하지 아니한다.

제18조(발인제의 식순 등) 발인제의 식순 및 상장의 규격은 별표 4와 같다.

제5장   제 례

제19조(제례의 구분) 제례는 기제사 및 차례로 구분한다.

제20조(기제사) ①기제의 대상은 제주로부터 2대조까지로 한다.

②기제는 매년 조상이 사망한 날에 제주의 가정에서 지낸다.

제21조(차례) ①차례의 대상은 기제사를 지내는 조상으로 한다.

②차례는 매년 명절의 아침에 맏손자의 가정에서 지낸다.

제22조(제수) 제수는 평상시의 간소한 반상음식으로 자연스럽게 차린다.

제23조(제례의 절차) 제례의 절차는 별표 5와 같다.

제24조(성묘) 성묘는 각자의 편의대로 하되, 제수는 마련하지 아니하거나 간소하게 한다.

제6장 수연례

제25조(회갑연 등) 회갑연 및 고희연 등의 수연례는 가정에서 친척과 친지가 모여 간소하게 한다.

부 칙

이 영은 공포한 날부터 시행한다.

부록2 가정 관계 명언

- 가문은 스스로 무너질 짓을 한 뒤에 남이 무너뜨린다.[맹자]
- 가정과 가정생활의 안정과 향상이 문명의 주요 목적이요, 모든 산업의 궁극적 목적이다. [C. W. Elyot]
- 가정 속에서 자기 세계를 가진 자야말로 행복하다. 저녁 무렵이 되면 비로소 집의 고마움을 깨닫게 한다. [J. W. W. Goethe]
- 가정생활이라는 어둡고 어려운 세계에서는 가장 위대한 자도 실패할 수 있고, 가장 미련한 자도 성공할 수 있다. [Randle Jarrell]
- 가정애는 자애와 같다. 따라서 죄악 행위의 원인은 되지만, 그 변명이 되지 않는다. [Lev N. Tolstoy]
- 가정은 누구나 있는 그대로의 자기를 표시할 수 있는 유일한 장소이다. [Andre Maurois]
- 가정은 사람에게 일상적으로 필요한 것들을 공급하기 위해 자연이 설립한 조직이다. [Cervantes]
- 가정은 소녀의 감옥이요, 부인의 노역소이다. [Geroge Bernard Swaw]
- 가정은 애정 집단이라고 했다. [오종식]
- 가정은 오케스트라와 같다. 온 가족이 합주자가 되어 이름다ㅂ고

멋있는 음악을 연주하는 것이다. [이태영]

- 가정은 우리들의 마음을 양육하는 것이 아니고, 우리들의 묘혈 그 관습의 끝 칸이다. [William Channingf]
- 가정은 임금도 침입할 수 없는 성곽이다.[Ralf Waldo Emerson]
- 가정을 선택하는 사람은 없다. 가정은 신이 주는 선물이다. [Resmond Tutu]
- 가정을 다스리는 데는 네 가지 가르침이 필요할지니, 그것은 근면함과 검소함과 공손함과 너그러움이다. [왕유]
- 가정의 수호신을 믿는 것만큼 즐거운 일이 있으랴.[Franz Kafka]
- 가정이란 어떠한 형태의 것이든 인생의 커다란 목표이다. [J. G. Holland]
- 가정이야말로 고달픈 인생의 안식처요, 모든 싸움의 자취를 감추고 사랑이 싹트는 곳이요, 큰 자가 작아지고 작은 자가 커지는 곳이다.][H. G. Wells]
- 가정이여, 닫힌 가정이여, 나는 너희를 미워한다. [Andre Gide]
- 가정이 행복해지려면 인내가 필요하다. 변덕스러운 자는 불행을 불러들이기 마련이다. [G. Xanteina]
- 검소하고 부지런한 것은 집을 다스리는 근본이요, 화목하고 순종하는 것은 집안일을 처리하는 근본이다. [명심보감]

부록3 음식의 효능

가지

1)혈관 건강, 성인병 예방 2)눈 건간, 3)항암효과,
4)두뇌 건강, 5)노화 방자, 6)피부미용, 6)피로해소, 7)다이어트

갈치

1)성장 발달, 2)골다공증 예방, 3)혈액 순환, 4)나트륨 배출,
5)두뇌 발달, 6)소화 촉진, 7)심혈관질환 개선

감

1)혈압조절, 코레스톨 관리, 3)심혈관 건강, 시력 개선,
5)면역력 강화, 6)프리바이오틱스 풍부, 7)숙취 해소

감자

1)빈혈 예방, 2)노폐물 배출, 3)유해물질 천연 해독제, 4)고혈압 예방,
5)피로 회복, 6)항암효과, 7)위염, 위궤양, 성인병 예방, 8)다이어트

게

1)심혈관질환 예방; 키토산 성분 풍부,

2)두뇌 건강; 오메가3 지방산 함유,

3)피부미용; 키토산 및 핵산 성분은 피부 노화를 방지하고 피부 재생 효과,

4)다이어트 효과; 100g에 100kcal의 낮은 칼로리 음식.

겨자

1)콜레스테롤 저하, 2)소염 작용, 3)간 건강, 4)뼈 건당,

5)면역력 향상, 6)소화 촉진, 변비 완화, 7)피부 건강

계란

1)혈관 건강, 2)숙취 해소 및 간 건강, 3)뼈 건강, 4)두뇌 건강,

5)탈모 예방, 6)다이어트, 7)눈 건강, 8)빈혈 예방

계피

1)항산화 작용, 2)소화 개선, 3)혈당 조절, 4)면역력 강화,

5)생리통 완화, 6)심혈관 건강, 7)피부 건강, 8)다이어트,

9)암예방, 10)당뇨 효과

고구마

1)면역력 향상, 2)염증 예방, 3)소화 촉진, 4)시력 향상,

5)항암 효과, 6)심혈관 질환 예방, 7)피부 트러블 예방,

고등어

1)심혈관 건강 증진, 2)뇌기능 향상, 3)면역 시스템 강화,

4)뼈 건강 지원, 5)혈압조절

고사리

1)항산화 작용, 2)뼈 건강, 3)빈혈 예방,

4)면역력 강화, 심혈관 질환 예방, 6)소화기능 개선, 7)혈당 조절

고추

1)면역체계 강화, 2)통증 완화, 3)체중 감량, 4)심장건강 개선,

5)소화 촉진, 6)암 예방, 7)혈당 조절, 8)항염증 효과,

9)피부건강 개선, 10)시력 보호

구기자차

1)지방간 조절, 2)지방 분해, 3)콜레스테롤 조절, 4)혈당 조절,

5)피로 해소, 6)눈 건강, 7)피부 미용

구운 아몬드

1)혈당 조절, 2)체중 감량, 3)식욕 저하, 4)심혈관 질환 예방,

5)피부 노화 예방, 6)근육 생성 보조

굴비

1)혈중 콜레스테롤 조절, 2)혈액순환 개선, 3)심혈관 질환 예방,

4)혈압 조절, 5)뼈. 치아 건강

귀리

1)혈당 조절, 2)콜레스테롤 개선, 3)체중 관리, 4)소화기능 개선,

5)항산화 및 면역기능 강ㄹ화, 6)뇌 건강, 피부 건강,
8)유방암 예방, 9)뼈 건강

귤

1)식욕 개선, 2)피부 미용, 3)혈관질환 개선, 감기 예방,
5)멀미 중화, 6)변비 예방, 7)다이어트, 8)스트레스 해소,
9)성장, 두뇌 발달, 10)체질 개선

김

1)항암 효과, 2)콜레스테롤 억제, 3)당뇨 예방, 비만 예방,
5)디톡스 효과, 6)골다공증 예방, 7)위 건강, 8)눈 건강

꿀

1)면역체계 자극, 2)체중 감량, 3)심장질환 위험 감소,
4)소화불량 완화, 5)피로감 감소, 6)피부 트러블 감소

낙지

1)원기 회복, 2)혈액순환, 혈관질화 예방, 3)다이어트,
4)빈혈 예방, 5)두뇌 발달, 6)치매 예방, 7)숙취 해소,
8)근육 형성, 9)성인병 예방, 10)자양 강장, 정력 강화

냉이

1)항산화, 2)항염증, 3)시력 개선,
4)심혈관질환 예방, 골다공증 예방

녹차

1)두뇌 기억력 강화, 2)탈모 예방, 3)콜레스테롤 제거, 4)항산화 작용, 5)치아 건강, 6)해독 작용, 7)항암 효과, 8)체중 감소, 9)감기 예방, 10)피부질환 예방, 11)혈압 강하, 12)피로 해소

다시마

1)다이어트, 2)혈액 순환, 3)혈당 감소, 4)피부노화 방지, 5)갑상선 질환 예방, 6)탈모 예방, 7)뼈 건강, 8)성인병 예방, 9)변비 개선

닭고기

1)근육성장 유지, 2)다이어트, 3)뇌 발달, 4)피부, 관절 건강 유지, 완전한 단백질 원천

닭발

1)신경통, 관절염 예방, 2)당뇨 예방과 정력 강화, 3)면역 증진, 4)항암, 5)두뇌 개발, 6)피부 미용, 7)무릎 관절 보호, 8)동맥 경화, 심장병 예반

당근

1)면역력 강화, 2)시력 증진, 3)장 기능 개선, 4)항암 작용, 5)성인병 예방

당면

1)다이어트 효과, 2)소화 촉진, 3)단백질, 철분, 칼슘 등 영양가 풍부, 4)다양한 요리 활용, 한국전용 식재료

대추

1)마음 안전, 2)내장 기능 강화, 3)호흡기 강화, 4)불면증 해소, 5)근육 긴장 완화, 6)냉증 치료, 7)이뇨 작용, 8)간장 효과, 9)항암효과, 10)여성 윤택

더덕

1)항산화, 2)항암, 3)염증 완화, 4)강장, 5)피부 건강, 6)기관지 건강, 7)혈관 개선, 8)다이어트, 9)당뇨 예방

도라지

1)면역력 강화, 2)항산화 효과, 3)감기 예방, 4)기관지 염증 제거, 5)가래 삭이 효과, 6)혈당, 코레스테롤, 혈압 조절, 7)당뇨예방, 8)소화 개선, 9)간 건강 증진, 10)부종 예방, 11)다이어트

도토리

1)변비 예방, 2)다이어트, 3)심혈관 건강, 4)혈당 조절

돼지고기

1)단백질 풍부, 2)다양한 지방, 3)비타민과 미네랄 풍부, 4)근육량 유지, 5)향상된 운동 성능

된장

1)혈액순환, 혈관 건강, 2)뼈 건강, 3)항암 작용, 4)간기능 개선,
5)뇌 건강, 6)독소 배출, 7)위장 건강, 8)여성 건강

두부

1)뼈 건강 지원, 2)뇌 건강, 3)항암 효과, 4)혈관 건강,
5)다이어트

들기름

1)콜레스테롤 억제, 2)피부 미용, 3)빈혈 개선, 4)두뇌 발달,
5)흰머리 억제, 6)오메가3 풍부, 7)성인병 예방,8)알레르기 체질 개선

레몬

1)면역력 강화, 2)피부 건강, 놓화 방지, 3)소화기능 개선, 장 건강,
4)체중 관리, 지방분해 도움, 5)혈압 조절, 심혈관 건강,
6)체내 해독, 신진대사 촉진

마늘

1)감기 예방, 2)항균 작용, 3)혈중 콜레스테롤 개선,
4)고혈압 관리, 5)심장 건강 증진, 6)치매 예방, 7)수명 연장,
8)운동 능력 향상, 9)중금속 해독, 10)뼈 건강, 11)암 예방

막걸리

1)소화 개선, 2)면역력 증진, 3)항암 효과, 4)체중 조절, 5)뼈 건강

맥문동

1)거담 작용, 2)기침 완화, 3)기관지염 완화, 4)인후염 완화,
5)혈당 개선, 6)폐 기능 강화, 7)호흡기 건강, 8)심혈관 건강

메기

1)원기 회복, 2)뇌 건강 증진, 3)항산화 작용, 4)소화 촉진,
5)이뇨 작용, 6)혈액순환 개선, 7)고단백 저지방, 8)신진대사 촉진,
9)체중 관리

메추리알

1)단백질 풍부, 2)뇌 기능 혈액 생성, 3)뼈, 면역력 강화,
4)두피 보호, 5)심혈관 질환 예방, 6)성장기 도움,
7)갑상선 기능 강화, 8)눈 건강 도움

멜론

1)수분 공급, 2)풍부한 비타민, 3)항산화 작용, 4)면역력 강화,
5)낮은 칼로리

멸치

1)골다공증 개선, 2)관절염 개선, 3)피부 검강, 4)혈관 건강,
5)항암 효과, 6)신경 안정, 7)눈 건강, 8)성장 발육

명태

1)성장발육 촉진, 2)빈혈 예방, 3)눈 건강, 4)뼈 건강,

5)혈관 건강, 6)심장 건강, 7)뇌 건강, 8)피부미용

메밀

1)심장 건강, 2)소화기 건강, 3)체중 관리, 4)혈당 조절,

5)천식 예방, 6)피부, 모발 건강, 7)빈혈 예방, 8)임산부 건강

무

1)비타민 C, K 풍부, 2)미네랄 풍부, 3)식이섬유, 4)항산화 작용,

5)항염증 작용, 6)다이어트, 7)소화 개선, 8)항암, 항균 효과,

9)피로 개선, 10)소변, 산도 조절

무화과

1)장 건강, 2)암 예방, 3)혈관 건강, 4)노화 예방,

5)당뇨 예방, 6)골다공증 예방

문어

1)뇌 기능 향상, 2)면역력 강화, 3)항산화 작용, 4)혈액순환 촉진,

5)관절 건강, 6)소화기능 개선, 7)피부 건강, 8)뼈 건강,

9)신체 대사 활성화, 10)스트레스 완화

미꾸라지

1)기력 회복, 2)뼈 건강, 3)혈액 순환, 4)위 건강, 5)성장 발육 촉진,
6)눈 건강, 7)빈혈 개선

미나리

1)해독 작용, 중금속 배출, 2)간 기능 향상, 숙취 해소,
3)변비 개선, 4)고혈압 개선

미역

1)갑상선 기능 개선, 2)혈압 강하, 3)코레스테롤 감소,
4)항암 효과, 5)혈당 감소, 인슐린 저항성 개선,

민들레

1)위장 건강, 2)간 기능 개선, 3)기관자 건강

밀

1)콜레스톨 감소, 2)혈당 조절, 3)소화기능 개선, 4)암 예방,
5)에너지 공급, 6)안티옥시던트 효과

바나나

1)숙변 제거, 식이섬유 공급, 3)장염 예방, 4)마그네슘 보충,
5)숙면, 6)포만감 유지, 위장질환 예방

밤

1)피부노화 지연, 2)뇌 건강, 3)뼈 건강, 4)염증성 질환 예방,
5)혈압 조절, 6)면역력 강화, 7)혈당 조절, 8)피로 회복, 9)남성 건강

배

1)섬유질 풍부, 2)비타민 C. K 풍부, 3)미네랄, 칼슘 풍부,
4)기관지 질환 예방, 5)구강 건강

배추

1)면역력 강화, 2)소화 개선, 3)심장 건강, 4)항염증 작용,
5)눈 건강, 6)철분 공급, 7)체중 관리, 8)해독 효과,
9)혈당 조절, 10)항암 효과

백합 조개

1)간 기능 향상, 2)뇌 세포 보호, 3)다이어트, 4)이뇨 작용,
5)뼈 건강

뱀장어

1)체력 증진, 2)시력 강화, 3)피로 회복, 4)노화 방지, 5)두뇌 발달,
6)성인병, 7)간 기능 개선

버섯

1)면역력 강화, 2)항산화 작용, 3)감기 예방, 4)혈당 조절,
5)콜레스테롤 개선

버터

1)영양가 풍부, 2)요리 활용, 3)피부 두발 건강, 4)소화 도움,
5)항산화 효과, 6)에너지 공급, 7)면역력 강화, 8)심리적 안정감,

9)뼈 건강, 10)소화 흡수

번데기

1)단백질 풍부, 2)성장기 발육, 3)체력 보강, 4)비타민 B 풍부,
5)피로 회복, 신경 안정, 6)콜레스테롤 저하, 7)장 건강, 소화 촉진,
8)항산화 작용, 9)면역력 증진

베이컨

1)단백질 공급, 2)비타민 B 공급, 3)셀레늄 공급, 4)인 공급,
5)올레산 공급, 6)풍미 증진, 7)기분 개선, 8)체중 감소,
9)두뇌 건강, 10)면역력 강화

보리

1)소화기능 개선, 2)혈당 조절, 3)심혈관질환 예방, 4)면역력 강화,
5)체중 관리, 6)항산화 작용

복분자

1)탈모 예방, 2)위궤양 예방, 3)콜레스테롤 감소, 4)암 예방,
5)면역력 강화, 6)노화 방지, 7)눈 건강, 8)혈당 조절,
9)소화 개선, 10)골다공증 예방

복숭아

1)소화 촉진, 2)피로 회복, 3)골다공증 완화, 4)콜레스테롤 완화,
5)비만 합병증 감소, 6)풍부한 비타민, 7)다이어트

복어

1)간 건강, 2)이뇨 작용, 3)다이어트, 4)혈관 건강, 5)항암 작용

부추

1)간 기능 향상, 2)오장육부 건강, 3)남성정력 보당,
4)혈액순환 향상, 5)노화 억제

북어

1)고담백질, 오메가3, 지방, 비타민, 미네랄, 2)영양소 공급,
3)항산화, 4)혈액순환, 5)뇌 건강, 6)소화 개선

붕어

1)두뇌 건강, 기억력 향상, 2)심장 건강, 혈액순환 개선,
3)면역력 강화, 원기 회복, 4)피부 미용, 노화 방지

브로콜리

1)피부 건강, 2)노화 예방, 3)비타민, 미네랄 풍부, 4)빈혈 예방,
5)면역력 강화, 6)항암 효과, 7)혈관 건강, 8)당뇨병 예방

비타민 A

1)눈 건간 강화, 2)피부 건강, 3)면역체계 강화, 4)정산 세포기능,
(함유 식품: 당근, 시금치, 호박, 브로콜리, 우유, 유제품, 간 등)

비타민 B

1)신경전달물질 풍부, 2)불면증 해소, 3)노화 방지, DNA 개선,
4)콜레스테롤 개선, 심장병 예방, 5)에너지 개선 및 무기력 개선,
6)피부 건강

비타민 C

1)뼈 건강, 2)철분 흡수, 3)노화 예방, 4)각종 질병 예방,
5)감기 예방

비타민 D

1)암 예방, 2)심혈관 질환 예방. 3)우울증 예방, 4)면역력 강화,
5)각종 질병 예방

뽕잎

1)섬유질 풍부, 2)단백질, 아미노산 풍부, 3)미네랄과 비타민 풍부,
4)항산화 성분 풍부

사과

1)심장질환 예방, 2)변비 예방, 3)다이어트, 4)피부 건강,
5)항암 효과, 6)노화 방지, 7)혈압 강하

살구

1)혈관 건강, 2)항암 효과, 3)면역력 강화, 4)눈 건강, 5)기관지 건강,
6)피부 미용, 7)소화기능 개선, 8)장 건강, 9)치매 예방,

10)노화 방지, 11)냉증 예방

새우

1)골다공증 예방, 2)어린이 성장 발육, 3)변비 예방,
4)면역력 향상, 5)두뇌발달 촉진, 6)정력 간화, 7)간 기능 강화,
8)항암 효과, 9)다이어트, 10)시력 보호, 11)심혈관 질환 예방

생강차

1)항균 작용, 2)종양 억제, 3)DNA 손상 억제, 4)콜레스테롤 강하,
5)천식 완화, 6)체온 상승, 7)관절염 완화, 8)구토 억제,
9)소화 향상, 10)기관지 건강

설탕

1)에너지 제공, 2)맛 개선, 3)정서적 안정감 제공, 4)소화 편의성,
5)식후 당뇨 관리, 6)식재료 보존, 7)식욕 유발,
8)음식 텍스처 개선, 9)식품조리 보조, 10)처리과정 개선

소고기

1)현기증 치료, 2)뼈, 근육, 관절 강화, 3)위장 강화, 4)혈액 질환 예방,

소금

1)조미료 역할, 2)보조제 역할, 3)발효제 역할,
4)체내물질 균형유지, 5)소화 협력, 6)상처 치료, 7)감기 예방,
8)청소용도, 9)수분 보존, 10)피로 회복

소주

1)스트레스 해소, 2)소화 촉진, 3)혈압 조절, 4)혈액순환 촉진,
5)항균 효과, 6)피로 회복, 7)항산화 효과, 8)체중 관리,
9)면역력 강화

수박

1)항산화 및 항암효과, 2)간 건강, 3)면역력 강화,
4)혈관 건강, 수분 공급, 6)근육통 완화, 7)다이어트,
8)노폐물 배출, 9)피로 해소, 10)소화 촉진, 10)불면증 예방

시금치

1)눈 건강, 2)심혈관 개선, 3)혈압 조절, 4)혈당 조절, 당뇨 예방,
6)항산화 작용 및 면역력 강화, 7)장 건강 및 소화기능 개선

쌀

1)수요탄수화물 제공, 2)비타민, 미네랄 제공, 3)단백질 제공,
4)체중 조절, 5)항산화 작용, 6)소화 촉진, 7)뇌 건강 개선,
8)고혈압 예방, 9)식이섬유 제공

쌀 누룽지

1)두뇌 발달, 2)면역력 강화, 3)간 기능 강화, 4)장 기능 향상,
5)체중 조절, 6)숙취 해소, 7)위장 기능 향상

아몬드

1)항산화 작용, 2)섬유질과 미네랄 공급, 3)혈당 조절,
4)혈압 조절, 5)체중 감량, 6)소염 잦용, 7) 콜레스테롤 개선

양배추

1)위 건강, 2)암 예방, 3)혈액 순환, 4)해독 작용
5)변비 개선

양파

1)독소 제거, 2)항산화 작용, 3)항암 작용, 4)심혈관 건강 개선   ,
5)당뇨 예방,

오렌지

1)면역력 향상, 2)감기 예방, 3)소화기능 개선, 4)항산화 효과,
5)혈압 조절, 6)피부건강 개선, 7)심혈관질환 예방, 8)뇌기능 개선

오리고기

1)기력 회복, 스테미너 향상, 2)간 건강, 3)두뇌 발달,
4)혈관 건강, 5)다이어트, 6)눈 건강, 7)피부 미용,
8)갱년기 증상 완화, 9)뼈 건강, 10)부종 완화, 11)빈혈 개선,
12)면역력 향상

오이

1)수분 공급 및 탈수 예방, 2)피부 보습과 진정,

3)체중관리 및 다이어트, 염증 감소와 항산화 효과,

5)소화건강 지원

옥수수

1)체중 감량, 2)변비 개선, 3)노화 예방, 4)구강건강 개선,

5)피부미용, 6)안구건강 개선, 7)이뇨작용, 8)숙취 개선,

9)고혈압 개선, 10)통증 완화

요구르트

1)소화 개선, 2)뼈 건강, 3)질 감염 예방, 4)체중 관리,

5)뇌기능 향상, 6)천식 치료, 빈혈 예방, 8)내성 충족,

9)고혈압 관리, 10)콜레스테롤 감소,

11)암 예방, 피부 머리칼 케어(바르면), 12)운동 회복

우유

1)면역력 강화, 2)뼈, 치아 건강, 3)소화기 건강, 4)긴장 해소   ,

5)심장 건강, 6)피부 모발 건강, 7)정서적, 정신적 건강,

8)운동후 회복, 9)에너지 향상, 10)수분 유지, 11)임신 중 유익

유자차

1)면역력 증진, 2)감기 완화, 3)비타민 C 풍부, 4)항암, 소염,

5)섬유질 풍부, 6)혈압 강하, 중풍 예방, 7)심혈관 건강,

8)혈당 조절, 9)소화 촉진, 10)피로 해소, 구연산 풍부

은행알

  1)혈액순환 개선, 2)항산화 효과, 3)염증 완화, 면역력 증진,
  4)피부건강 개선

인삼

  1)항산화 작용, 2)뇌 기능 향상, 3)혈당 감소, 4)자양 강장 작용,
  5)면역력 증진

자두

  1)시력 향상, 2)여성 건강, 3)뼈 건강, 4)피부 미용, 5)다이어트 효과

잣

  1)심혈고한 건강, 2)뼈 건강, 3)당뇨 조절, 4)피로 ㄹ회복,
  5)피부 건강, 60위 건강, 7)변비 개선, 8)불면증 개선,
  9)두뇌 건강, 10)비만 억제

장어

  1)눈 건강, 2)성기능 강화, 3)기력 회복, 4)위 건강, 5)혈관 건강,
  6)피부 미용, 7)두뇌 발달, 8)항암 효과

조기

  1)기력 회복, 2)위장 건강, 3)뼈 건강, 4)요로결석 배출,
  5)눈 건강, 6)신장 기능 향상, 7)다이너트

좁쌀

1)식이섬유, 2)피부 미용, 3)혈당 조절, 4)면역력 강화, 5)뼈건강

참기름

1)항산화 효과, 2)심혈관 건강, 3)항암 효과, 4)소화 개선,
5)두뇌 건강

참깨

1)칼슘 공급, 2)피부 건강, 3)호르몬 균형, 4)심혈관 건강,
5)소화촉진

참외

1)심혈관 건강, 눈 건강, 3)임산부 건강 향상, 4)면역력 증진,
5)장 건강 개선, 6)피부 건강

참치

1)다이어트, 2)심장 건강, 3)뼈 건강

칼치

1)단백질 공급, 2)지방산 풍부, 3)비타민 풍부, 4)칼슘, 인 풍부,
5)면역력 강화, 6)혈압 조절, 7)뇌 활성화, 8)기억력 향상,
9)피부 개선, 10)눈 건강, 11)스트레스 해소

커피

1)각성 효과, 2)신체능력 향상, 3)장 건강, 4)체중 감량,
5)각종 질병 예방, (적당량 1일 2, 3잔)

콩

1)풍부한 섬유질, 2)혈당량 조절, 3)심장건강 증진,
4)철분결핍 감소, 5)암 예방, 6)효소 증진, 7)담백질 공급,
8)선천성 결손 보충, 9)저지방, 10)눈 건강 증진

콩나물

1)숙취 해소, 2)피부 미용, 3)뇌기능 향상, 4)치매 예방,
5)여성 갱년기 지원, 6)위 건강, 7)천연 해독제

토마토

1)성인병 예방, 2)고혈압 예방, 3)변비 해소, 4)피부 건강,
5)콜레스테롤 억제

톳

1)골다공증, 빈혈 개선, 2)콜레스테롤 억재,
3)항암 효과, 노화 예방, 4)성인병 예방, 5)다이어트

파

1)감기 예방, 2)위 건강, 3)피로 해소, 4)살균 작용,
5)면역력 강화, 6)피부 미용, 7)혈관 건강, 8)암 예방,

9)당뇨 예방, 10)불면증 개선

파레

1)다이어트, 2)성인병 개선, 3)구강 건강, 4)뼈 건강,
5)빈혈 개선

호두

1)항산화 효과, 2)오메가3 지방산 지원, 3)염증 감소,
4)장 건강 개선, 5)암 예방, 6)체중 관리, 7)당뇨병 관리,
8) 혈압 조절, 9)노화 방지, 10)콜레스테롤 개선

호박

1)심혈관질환 개선, 2)체력 보충, 3)다이어트, 4)암 예방,
5)붓기 완화, 이뇨작용

홍삼

1)면역력 향상, 2)피로 해소, 3)혈액 순환,
4)여성 갱년기 증상 완화, 5)피부 미용, 6)당뇨병 예방,
7)항염증 작용, 8)스테미너 향상

홍어

1)근육 건강, 2)심혈관 건강, 3)피부 미용, 4)간 기능 지원,
5)면역력 강화, 6)골다공증 예방

홍차

1)노화 예방, 2)피부 미용, 3)스트레스 해소, 4)면역력 강화,

5)심혈관 보호, 6)다이어트, 7)치아 건강, 8)감기 예방

후추

1)소화 촉진, 2)항산화 효과, 3)항암 효과, 4)체중 관리,

5)혈액 순환, 피부 건강

저자 金 孝 英

건국대학교 정치대학 졸업
지방행정연수원 간부양성과정 수료
경기도 지방과장, 연천군수
한국예절교육학회 회원

저서

지방자치사전 삼영사, 1980
인쇄대사전, 인쇄문화사, 2001
한문사자성어사전 증보판, 명문당, 2019
세계명언사전, 명문당, 2024
공직생활과 예절, 교문사, 2000

가정생활과 예절

초판 발행 2025년 4월 25일
지은이 김효영
펴낸이 김복환
펴낸곳 도서출판 지식나무
등록번호 제301-2014-078호
주소 서울시 중구 수표로12길 24
전화 02-2264-2305(010-6732-6006)
팩스 02-2267-2833
이메일 booksesang@hanmail.net

ISBN 979-11-87170-93-8
값 15,000원